AF185633

J O ZIEGLER

2021

GROẞER MANN
KLEINER MANN

ERLEBNISSE AUS DER

NACHKRIGSZEIT – VOM

ZERSTÖRTEN RUHRGEBIET

BIS NACH BERLIN

BookRix GmbH & Co. KG
80331 München
dieser Digitalausgabe by Alfred Bekker/
CassiopeiaPress
postmaster@alfredbekker.de
www.alfredbekker.de
EDITION BÄRENKLAU, herausgegeben
von Jörg Martin Munsonius
2014
©Cover Jo Ziegler, Layout by Steve Mayer
Herr Dr. Krumow vom Berliner Aufbau-Verlag
genehmigte 2011 dem Autor die Nutzung
des obigen Titels in Anlehnung an
Falladas Roman

IMPRESSUM

Bibliografische Information der Deutschen
Nationalbibliothek:
Die Deutsche Nationalbibliothek verzeichnet diese
Publikation in der Deutschen Nationalbibliografie;
detaillierte bibliografische Daten sind im Internet
über dub.dub.de abrufbar.

www.tredition.de

Zweite überarbeitete und bebilderte
Auflage 2021
©2021 Jo Ziegler
Cover sowie Abbildungen im Text

Herstellung und Verlag

www.tredition.de

tredition GmbH, Halenreie 40-44, 22359 Hamburg

978-3-347-22770-5 (Paperback)
978-3-347-22771-2 (Hardcover)
978-3-347-22772-9 (e-Book)

DIESES

BUCH

WIDME

ICH

MEINEM

SOHN

HENDRIK

SUMMARY

GROßER MANN
KLEINER MANN

JO ZIEGLER, Jahrgang 1949, verarbeitet eigene biografische Begebenheiten aus seiner Jugend in der unmittelbaren Nachkriegszeit im zerbombten Ruhrgebiet bis hin zu Zeiten komplexer 1968er Studienjahre und übt dabei eine gesellschaftlich wenig euphorische Kritik.

Gemäß des Bauplans seiner assoziativen Erzählweise, die von kleinsten, alltäglichen Beobachtungen ausgehen, zu langen Assoziationsketten führen können und, um eigenen Wahrnehmungen auf die Spur zu kommen, setzt er gezielt die Mittel der „Chronographie" als subtilen Gegenpart zur chronologischen Erzählweise ein – vornehmlich, um einer monokausalen Eindimensionalität zu entgehen und somit den vollen Fluss des Bewusstseins durch Zeiten und Erlebnisse, Erinnerungen und Fakten, Erfahrungen und Träume vorbeiziehen zu lassen.

Die so gerierten ingeniösen Sprachbilder erinnern an das „automatische Schreiben" der Pariser Surrealisten, ebenfalls an die „Cutup-Technik" des amerikanischen Avantgardisten William S. Burroughs *(Naked Lunch)*, zu denken wäre auch an die Sprach-Experimente eines James Joyce *(Ulysses)* oder gar an Sprachzertrümmerungen eines Gustav Sack *(Ein verbummelter Student)*.

Mit diesem literarisch anspruchsvollen Konzept, ergänzt von künstlerisch hochwertigen Fotos, führt JO ZIEGLER durch seine sieben Interviews in sieben verschiedenen Lokationen im Münsterland, im Rheinland und im Ruhrgebiet.

„Dies ist ein Buch, dem jeder sich selbst hinzufügt. Beim Lesen schon beginnt die Selbstbefragung".
Christa Wolf *(Berührung)*, Vorwort zu Maxie Wander *„Guten Morgen, du Schöne".*

PROLOG ● KOMPOSITION ● SYNÄSTHESIE

Während auf der Frankfurter Buchmesse 2009 viele Besucherinnen und Besucher, alte wie junge, und zunehmend auch Kinder, sich mit ihren prall gefüllten Kraftpapiertüten abmühen, sage ich zu mir:
OMNIA MEA MECUM PORTO.
Alles, was ich habe, trage ich mit mir, derweil mein gezielter Blick während des Messerundganges ein Buch-Cover fixiert, welches Männlichkeit symbolhaft signalisiert. Im gleichen Augenblick sehe ich vor meinem geistigen Auge ein weiteres Buch-Cover von einem großen Mann, Hand in Hand mit einem kleinen Mann, dazu im Buchtext ergänzt von vielen passenden Männerbefindlichkeiten, die möglicherweise noch in Erinnerungen tief vergraben sind und als Erinnerungsschätze baldigst gezielt gehoben werden sollten!

Erschöpft eingerastet im harten Sitz eines Messebusses und, während eines langen Transfers hinweggetreten und schlummernd bis hin zum Erreichen des dezentral gelegenen Parkhauses, pulsieren in meinem Hirnkino Traumblasen und Luftschlösser:

Anstatt zu platzen, vermehren sie sich!
Vermehren sich seltsam kernschattenlos, pulsieren weiter, fast expressionistisch wie getupft und hingehaucht, nicht pastös, nicht gespachtelt und nicht aufgesetzt, nein, eher erlöst von Fixpunkt und Tiefenschärfe sowie sanft abwärts schwebend, derweil ich als einzigartiger Luftschiffer gezielt die Reißleine ziehe, Sektor sieben verlasse, über einer irisierenden Landebahn kreise, die sich beim Landeanflug als schrill gepflastert zeigt mit sämtlichen Buchneuerscheinungen der Frankfurter Buchmesse im Herbst 2009, und ich komme erst im O-2-Minusfeld vor einem leeren Bücherregal zum Stillstand:
„Endstation!
Bitte aussteigen!
Der Bus endet hier!
Das Fahrtziel ist erreicht!"

Derart dissonant knistert es aus einem Lautsprecher über, unter oder hinter mir, egal, ich bin offensichtlich wieder angekommen in der Realität direkt vor einem extern gelegenen Frankfurter Messeparkhaus.
„Jo, du fährst und ich zähle Schäfchen bis zum nächsten notwendigen Tankstopp!"

„Klaro!"

Da jedoch gemäß meiner Erinnerung, die Tanknadel bereits mittig im Anzeigenfeld beim Parkieren erzitterte, wird sie mich von meinem Pistenmarathon alsbald erlösen.
Bereits auf der eintönigen Betonpiste rollend, erinnere ich mich an eine sehr weit zurückliegende Sequenz:

Wie ich betont lustlos an der Hand meines Vaters trottete.
Stadteinwärts auf dem Dortmunder Hellweg in Richtung Ostentor.
Links und rechts zerbombte Häuserzeilen.
Fassaden ohne Dächer.
Fassaden mit Fensterrahmen wie Kreuze am Himmel.
Nunmehr quengelig trabend, da mir die Wegstrecke unendlich lang erschien.
Zwei Stationen, zwei Haltestellen lang.
Denn am Geld für die Straßenbahn wurde gespart.
Endlich, am Ziel angekommen, zeigte sich eine ausgestellte Zeitung, präsentiert in Schaukästen auf Ständern, in doppelseitigen Schaukästen hinter Glas, doch derart hoch, dass ich darunter durchsehen konnte und auf der anderen Seite das gleiche Bild, die gleiche Konstellation von einem großen Mann, Hand in Hand mit einem kleinen Mann, vorfand.

Genau!
Erinnerungen wecken, darum geht es.

Erinnerungen wecken mittels eines Figurenensembles im Scherenschnitt – optisch reduziert bis zum Maximum:

GROßER MANN
KLEINER MANN
Vater und Sohn.
Oder:
Großvater und Enkel.
Beide verbunden, Hand in Hand.

Ausgebremst im Stau stehend, erfolgten erste Notizen:
Befragungen, möglicherweise in Form eines Interviews.
Na, klar!
Dies ist die Geburtsstunde eines dokumentar-literarischen Projektes und, mit meinem fotografisch sehenden Auge wird es zu einer medialen Kunstinstallation geadelt, also:
Sofort einen Fragebogen für eine biografisch-narrative Gesprächsführung erstellen, mit möglichen Fragen wie:
Aus welchem Anlass wurden Sie von Ihrem Vater an die Hand genommen?
Hilfe, Trost oder Schutz suchend, beim Ausflug oder Sport, beim Pilze sammeln, beim Enten füttern, auf dem Schützenfest, bei einem Menschenauflauf oder gar bei einer Beerdigung oder einem Unfall?
Aber hallo!
Verunfallt etwa gerade mein Voice-Recorder?
Warum dieses Blinken?
Warum dieses Blinken im Stakkato-Takt in ROT!?
Warum zappelt zeitgleich die Tankanzeige in GELB!?
Warum?

Weil jetzt der ersehnte Tankstopp angesagt ist!
Und zwar bei zeitgleichem Kauf einer neuen Batterie für
den Recorder – ganz einfach!

Auf jeden Fall, wenn wieder zu Hause angekommen,
jedoch erst am morgigen Tag, nehme ich mir ein gezieltes
Durchstöbern eingelagerter Umzugskartons aus Olims
Zeiten vor, denn darin steckt mit Sicherheit ein Buch von
Erika Runge mit ihren aufgezeichneten Bottroper
Protokollen, die als ein Klassiker der dokumentarischen
Literatur gelten, und gleichzeitig erinnere ich mich an
Maxie Wander, die ebenfalls Protokolle nach
Aufzeichnungen unter dem Titel *„Guten Morgen, du
Schöne"*, edierte.
Also!
An die Arbeit!
Auf geht's, wobei ich mir spontan zur Realisation und bis
zur Drucklegung dieses dokumentar-literarischen
Projektes ein Zeitlimit weniger Monate setze, um sodann
unbeschwert auf der nächsten Buchmesse einzutreffen,
wobei ich die Buchmesse in Leipzig im März avisiere!
Denn wer weiß, welche Idee mich möglicherweise dort
anspringt?
Denn...
Denn meine Einfälle muss ich nicht suchen, sie kommen
zu mir.
Ich sammele ich sie nicht in Zettelkästen, sondern
vertraue auf meine gegebene Intuition.
Dazu eine Notiz aus meinem Werksverzeichnis vom
Januar 2005:

9

„Bilder
und
Worte
und
Wortbilder
quellen
aus mir.
Beim Spielen
mit ihnen,
erfinde ich
das Spiel neu. "

So einfach ist es, wenn ich Kraft meiner Phantasie und Vorstellung in andere Welten und Szenarien abtauche... Abtauche und wieder auftauche in einem immer-währenden quirlenden Einfall-Darwinismus, bei dem ich einfach mit muss, dazu begleitet vom Wortsalat eines MAXI GALAXI in seiner Buchstabenküche während Wortschatzsuche.
Natürlich führt hierbei mein willentlich gerierter Akt zum eigenen Stil dieses Buchprojektes, basierend auf einer bereits vorhandenen dokumentar-literarischen Vorgabe – aber...

Einerseits erweitere ich fotografisch vor und nach meinen sieben sensibel geführten Interviews, einhergehend mit (m)einer dokumentarischen Kameraführung in Anlehnung an das künstlerisch-ästhetische Vorbild eines Henri Cartier-Bresson, sowie vereint in der Trias seiner bekannten dokumentierten Notizen:

10

„Ein gutes Foto ist ein Foto, auf das man länger als sechs Sekunden schaut."

„Ich mag es, wenn meine Bilder klar sind, oder besser: zugespitzt."

„Das eine Auge des Fotografen schaut wie geöffnet durch den Sucher, das andere, das geschlossene, blickt in die eigene Seele."

Andererseits kompiliert mein vorliegendes Buchprojekt
GROßER MANN
KLEINER MANN
keine monotone Wiedergabe aufgezeichneter Textprotokolle in Form eines vormals getätigten Genres dokumentar-literarischen Wirkens wie eingangs erwähnt! Vielmehr ergießt sich das projizierte Sujet unter dem Aspekt
GROßER MANN
KLEINER MANN in meine eigene fortschreibende dokumentarliterarische Fassung und dokumentiert darin ein neues Genre persönlich evozierender Besinnlichkeit, wobei ich gezielt Passagen meiner aufgezeichneten Textprotokolle im Abgleich eigener Erfahrungen auswähle, kürze, umstelle, hinzu- schreibe, Akzente setze und damit meine Neu-Kreation komponiere.
Parallel blättere ich mittels meines weiteren neu kreierten Kunstgriffes die Bilderwelten von "Zeugen" bei den Interviews auf, wobei Befindlichkeiten und Strukturen dahinter freigelegt werden und somit die

11

Eindimensionalität geläufiger Seh- und Gefühlsnormen durchbrochen wird.

Beispielsweise aus dem Blickwinkel einer neuen Ebene. Oder aus dem Schattenwurf eines seltsam strammstehenden Zwerges – möglicherweise eines Zwar-Aber-Zwerges mit Zwille – meisterhaft eingebunden in Licht und Schatten seiner subversiven Tarnung.

Und, dabei gleichzeitig Martin Munkácsis Credo folgend, eingedenk seiner fotografischen Arbeitsweise, die sich spontan, dynamisch und ungezwungen präsentiert, und vortrefflich besticht mittels seiner geistreichen Bemerkung:

„Think while you shoot!"

Gleichwohl gefasst im Zitat von Émile Zola:

„Sehen verändert unser Wissen. Wissen verändert unser Sehen."

12

Die geführten Interviews

21. 10. 2009
Interview in Köln in den Ausstellungsräumen der Magistrale des Stadthauses Deutz.

27. 10. 2009
Interview in einer gastlichen Kölner Lokation, rechtsrheinisch gelegen.

09. 11. 2009
Interview in der Rüttenscheider Hausbrauerei, Brauerei und Gaststätte im Girardet-Haus in Essen.

28. 11. 2009
Interview in der Gaststube eines wohl bekannten Restaurants im südlichen Münsterland.

18. 12. 2009
Interview in Herten, in der Bibliothek des Glashauses der Stadt Herten.

17. 01. 2010
Interview im Café Endstation des Kultur-Bahnhofs Bochum-Langendreer im Anschluss an den dortigen Neujahresempfang.

20. 02. 2010
Interview in Herdecke im Anlehngewächshaus eines Landhauses in Herdecke, „Der Stadt zwischen den Ruhrseen."

21. 10. 2009
Interview in Köln in den Ausstellungsräumen der Magistrale des Stadthauses Deutz.

Notiz:
Anfahrt bei schönem lichten Herbstwetter, hoch bewölkt, trocken. Parkieren am Tanzbrunnen. Eine wabbelige Joggerin beflügelt meinen Appetit. Ich greife zum mitgeführten Müsliriegel. Nachfolgend nervendes Suchen der Magistrale des Stadthauses Deutz, wobei eine freundlich befragte Seniorin, offensichtlich eine Anrainerin an Rollator, mich mittels ihrer Kölschen Mundart defraudiert, jedoch kurz darauf eine Patchwork-Family mit einem super breiten Kinderwagen für zwei oder gar für drei Kinder, mich in Englisch kurz und knapp einweist: „Next crossing ahead, then turn right!"

Danke!
Das klingt ja wie zu Hause, wie im Revier. Klingt wie: 'Kurze Wege – Mittelfeld', entliehen aus allgemein bekannten Fußballregeln.
Nun stehe ich vor dem Eingang des Gebäudes, stehe, stehe und stehe…
Mein Interviewpartner lässt auf sich warten, daher bitte ich einen Passanten, der eine pulsierende prall gefüllte Plastiktüte schleppt, offensichtlich befüllt mit Leergut, von mir, selbstverständlich mittig im Eingang der Magistrale stehend, ein Foto mittels meines mitgeführten digitalen Fotoapparates zu machen. In derartigen Momenten bin ich ein absoluter Optimist.
Warum? Weil intuitiv dieser Typ seine prall gefüllte Plastiktüte mehr liebt als meine 677 Gramm schwere

14

digitale Optik und, selbst wenn er brisanterweise tatsächlich damit an diesem schönen Vormittag stiften gehen sollte, dann hat er ganz, ganz schlechte Karten, denn...

Da pocht schon freudig mein Sportlerherz und ist bereit zum Quick-Start wie Super-Sprint. Denn nunmehr, nach sieben Jahren körperlicher wie seelischer Ressourcenbildung in einem sensitiv angesagten Sporting-Center, bin ich freudig fit wie Schmitts Pinscher.

Allerdings, im visuellen Umfeld vermittelt möglicherweise die Optik meiner langlebigen heiß geliebten Casuals ein anderes Bild, weswegen ich von meiner besseren Hälfte bereits Zunder bekam:
„Also, wirklich! Deine abgewrackte blaue Windjacke und dein Streifen-Hemd mit Brand- und Farbfleck, sag mal, musst du so herumlaufen?"
GROßER MANN
KLEINER MANN, was nun!?
Notizende.

Entschuldigung!
Offensichtlich sind wir hier verabredet. Als Erkennungszeichen haben Sie eine silberne Digitalkamera geschultert, sehe ich das richtig?

Ja, richtig!
Wünsche einen Guten Tag!
Dann gehen wir doch rein in den Ausstellungsraum und gehen dort in medias res.
Tja! Die Optik Ihres Interviewbogens finde ich sehr ansprechend, und dann habe ich mich auch gerne mit dem

15

rückseitigen Text befasst und, schon sind wir im Gespräch. Aber, bitte sehr, woher stammt denn die Abbildung?

- Steht diese Frage in Zukunft jetzt immer an erster Stelle?

An eine derartige Gesprächseröffnung habe ich überhaupt nicht gedacht, schießt es mir durchs Hirn, während ich meinen Blick hebe und ihn gleichzeitig abziehe von meinen sorgsam vorbereiteten DIN-A-4 Seiten "Zur Nutzung narrativer Gesprächstechnik bei biographisch-narrativer Gesprächsführung", bedeckt vom Voice Recorder nebst Stadtplan.
Zeitgleich fühle mich irgendwie ertappt. Ertappt, wie bei Nutzung eines verbotenen Spickzettels wie zu Schulzeiten. Nein, so läuft das nicht. Weder jetzt, noch in Zukunft.

Also, Flucht nach vorne mittels Ablenkung, Deviation, Pause machen oder Butter bei die Fische geben – genial! Das mach ich doch glatt:

Sehen Sie, die Ihnen dargebotene Abbildung eines kleinen Mannes, Hand in Hand mit einem großen Mann, ist das Produkt intensiver Recherche, einhergehend mit einem eigenen Foto Shooting vor Ort bei unfreundlichen Temperaturen und regnerischem Wetter. Anschließend geadelt mittels digitaler Bildbearbeitung, wobei Sie am Himmel "Den Mond von Wanne-Eickel" sehen als ein stilbildendes Element für drei Buch-Cover meiner Roman-Trilogie, bestehend aus

16

Buch Eins "DIE RUHR-MAGIER", aus Buch Zwei "JONA" und aus Buch Drei "PINKA RUHR-WURM".

Und wo genau, fand Ihr Foto Shooting statt?

In Offenbach am Main auf dem Platz vor dem Isenburger Schloss, wo eine Skulptur Teil eines Brunnens ist und wobei dieser so genannte Ludo-Mayer-Brunnen sicherlich einen der interessantesten Standorte im Offenbacher Stadtgebiet abgibt, denn dort, im Innenhof der Hochschule für Gestaltung, trifft das moderne Offenbach auf seine Wurzeln.
Will sagen:
Der Ludo-Mayer-Brunnen ist Schnittpunkt zwischen Renaissance und Moderne.

Darüber hinaus finden Sie einen Bericht über obiges Foto Shooting im Anhang dieser Publikation.

Da haben Sie sich ja mächtig ins Zeug gelegt!

Muss sein, alleine schon aus urheberrechtlichen Gründen. Und auf diese Weise bin ich mal nach Offenbach am Main gekommen.

Nun ja! Neue Orte erkunden und erleben, das finde ich selber auch sehr interessant und spannend. Hängt vermutlich damit zusammen, dass ich bis zur Einschulung in Münster lebte, von wo meine Eltern, mein Großvater und ich dann nach Köln zogen – bedingt durch eine berufliche Veränderung meines Vaters. Also: Wir wohnten damals nicht mitten in Münster, sondern eher

17

am Stadtrand. Dort, wo sich direkt hinter den Häusern Wiesen und Äcker dehnten. Wo auf den Wiesen wiederkäuende Kühe waren, manchmal auch Pferde, wiehernd und riesengroß.

Jedenfalls gab es drum herum diese Einfriedungen mit Elektrodraht und tickende Kästen der Impulsgeber. Die großen Jungs sagten, dass in der Zeit zwischen dem einen Tick und dem anderen Tack kein Strom fließt. Das hab' ich geglaubt und den Draht fest mit der Hand umschlossen. Doch da bekam ich einen gewischt. Mir fuhr ein knüppelharter Schlag in den Arm und beinahe hätte ich mich rückwärts hingesetzt. Aus jener Zeit erinnere ich den Spruch:

Alle Menschen sind klug, die einen vorher, die anderen nachher.

Später entpuppte sich der Satz als ein spitzes Zitat vom Meister-Spötter Voltaire.

- Ist es denn wahr?

Da werde ich wieder an meine Studentenzeit in Münster erinnert:

Damals bewohnte ich ein möbliertes Zimmer im Anbau eines windgeduckten Hauses an der Peripherie. An der Peripherie - so benannte man bei mir zu Hause die Vororte der Großstadt. Bezogen auf die Provinzhauptstadt Münster konstatierte ich eher Begriffe wie "Walachei", was Pampa und j. w. d. bedeutet und abgelegene Distrikte meint.

Wohnte dort aus Kostengründen "auf dem Lande", denn dort war die Unterkunft sehr preiswert.

Die fetten Viecher auf den Wiesen nebenan wirkten eher beruhigend, doch der ländliche Terror schwappte saisonal über den Fußabtreter direkt in meine Bude, da sich auf

18

gleicher Ebene, direkt davor, ein Rübenacker dehnte. Abgesehen von der Pestilenz einer Jauchedüngung, krabbelten Käfer jeder Couleur im Frühjahr hervor, gefolgt von Stechtieren im Verbund mit Mäusen im Sommer, wobei ein gesund glänzendes rundes Tier – möglicherweise Mama-Maus – mitten im Raum verharrte, auf jeden Fall kurz vor meinem Esstischchen mit ihren glänzenden schwarzen Augen in Stellung ging, während ich eine kulinarische Neukreation eines Kommilitonen nachbaute, und zwar so:

Auf Basis einer Knäckebrotscheibe eine fingerdicke Quarkschicht aufbringen. Abdecken mit einer Käsescheibe und noch einmal bestreichen mit Quark, damit es beim Abbeißen nicht quietscht!

Just in diesem Moment ging mir meine erste und letzte Messerattacke von der Hand. Hinterließ einen Quarkfleck auf dem Teppich, während draußen die Maus ihren Warnruf permanent piepste. Noch heute führe ich besagtes Messer; dabei dient es mir manchmal beim Spachteln meiner Ölfarben auf die Leinwand.

Na, ja! Im Herbst suchten sodann Spinnen ihr warmes Stübchen und im Winter wehten mir Schneewehen vor und sogar hinter die Eingangstür.

Und ich denke zurück an meine frühe Kindheit. Erinnere mich an die Zeit in Münster, eingebettet in ein Panorama ländlicher Umgebung mit Tieren, Sonnenblumen, Schweinen, Haushunden, schnurrenden Katzen, tschilpenden Spatzen und gurrenden Tauben. In diesem wohligen Ensemble sehe ich ein gelblich leuchtendes Feuer weit hinter dem Garten unseres Hauses, weit entfernt, wohl auf dem Acker von Bauer Diepenbrock oder

Piepenbrock oder Tenbrock oder Zumbrock oder Sonstwiebrock.

Ein Kartoffelfeuer soll das sein.

Ein Kartoffelfeuer?

Was genau dort abläuft, wollte ich wissen.

Jawohl! Das machen wir doch glatt, und schon half mir mein Großvater im Windfang in die Stiefel.

Warum sich zur Erkundigung mein Großvater mit mir auf den Weg machte, ahne ich heute, denn war und ist es nicht gleichwerte Männersache, das Rohe ins Gare zu überführen?

Fleisch im Feuer, Kartoffeln im Feuer, sodann ein Happen vom Spieß? Native Art, die Familiengruppe archetypisch zu nähren?

Mag sein!

Sowohl die Beherrschung des Feuers war vormals wichtig als auch die Nahrungsbeschaffung durch Jagen, Fischen oder Sammeln.

Tja! Eingestielt in meine heiß geliebten roten Gummistiefel, flankiert von grünen Riesentretern meines Großvaters, machten wir zuerst am Sandkasten Halt, denn meinen verbeulten Spielzeugeimer aus Blech, den sollte ich mitnehmen.

Bei einsetzender Dämmerung schien mir das Feuer zunehmend zu strahlen, und im nächsten Moment stolperte ich und landete bäuchlings in einer Ackerfurche.

Den Geruch des aufgeworfenen Ackers nach der Kartoffelernte habe ich bis heute gespeichert. Ebenso den Geruch des Kartoffelfeuers, der angekokelten Kartoffelschalen sowie der aufgebrochenen, durchgegarten und dampfenden dunkelgelben dicken Kartoffeln.

Bei diesen vielfältigen geruchlichen Assoziation könnte sich gleichwohl Appetit bei mir einstellen. Aber, bitte sehr, das Frühstück ist ja kaum verdaut, jetzt, bei zwanzig nach zehn Uhr am helllichten Vormittag.

Also, mein Großvater klopfte mir Ackerkrumen von Hose und Jacke, wobei ich eine Kartoffel zwischen meinen Stiefeln entdeckte und, endlich beim Feuer angekommen, war mein Eimerchen von weiteren aufgelesenen Exemplaren randvoll gefüllt.

Mehrere Personen waren zugegen mit einem "Hallo, kleiner Mann" auf ihren Lippen. Warum mein Großvater nun unsere mühsam eingesammelten Kartoffeln ins Feuer kippte, klärte sich wenig später.

Mir machte es derweil Spaß, Strünke ins Feuer zu werfen, diese lichterloh aufflammen und schnell verglühend abbrennen zu sehen, und gleichzeitig die Hitze des Gluthaufens auf meinen Händen und im Gesicht zu fühlen.

- Vermutlich haben die Beiden bei ihrer häuslichen Rückkehr gestunken. Gestunken aus allen Poren, Knopflöchern und Kleidungsstücken und, bei häuslicher Erwärmung derselben, in einem zunehmend strengen Mief eines ländlichen Münsteraner Kartoffelfeuers der Kategorie-1-A unfreiwillig für Zunder gesorgt.

Ähnlich wie ich, damals, gerade mal sechs Jahre alt, nach Abfackeln eines Bahndamms, nach Ausräuchern eines Wespennestes oder nach einem gezielt gelegten Matratzenbrand im Keller einer zerbombten Hausruine, wonach ich, wieder zu Hause angekommen, als definitive Beendigung meiner Aktion in einem unfreiwilligen wenig temperierten Vollbad in einer riesigen Badewanne landete und dabei mit einem harten Waschlappen von oben bis unten abgeschrubbt wurde.

Nach einiger Zeit holte mein Großvater unsere Kartoffeln mit einer Schaufel aus der Glut des Feuers und füllte die dampfenden Kartoffeln mit nunmehr schwarzer Schale bis auf ein verbleibendes Exemplar in mein Eimerchen. Nach dem Abkühlen wurde diese Kartoffel aufgebrochen, mit Salz bestreut und ausgelöffelt und geruchlich wie geschmacklich unwiederbringlich gespeichert.

Auf dem Heimweg trug mein Großvater meinen gefüllten heißen Spielzeugeimer und ich suchte Halt an seiner Hand, während wir uns gemeinsam langsam und vorsichtig auf dem aufgeworfenen Acker vorantasteten, nunmehr bei völliger Dunkelheit, im Rücken das kleiner werdende Feuer und vor uns der schwache Lichtschein einer aufgelockerten Häuserreihe hinter Hecken.
In diesem Moment stimmte mein Großvater die Melodie zum Lied "Fuchs, du hast die Gans gestohlen" an und während jedes gemeinsam gesungenen Refrains "Gib sie wieder her" zog er an meiner und ich an seiner Hand.
Ja, so war das. Ich spürte einen Gleichklang, ich war ein KLEINER MANN im Verbund mit einem kräftigen und verlässlichen GROßEN MANN. So, wie ich später selber auch einer sein möchte, mit Fröhlichkeit und im Einklang weiter Natur.

Danke sehr!
Sie werden Ihren Beitrag, begleitet von einem Zeugen, von jenem Zwerg im Ausstellungsraum schräg hinter uns, in meinem Buch wiederfinden.

Auf Wiedersehen!

Auf Wiedersehen!

Der Zwerg:
Was die Leute so reden!

Klauen Kartoffeln vom Acker und singen noch dazu. Dem Bauer Diepenbrock oder Piepenbrock oder Sonstwiebrock sei geraten, seinen Traktor mit psychedelischem Geäder zu überziehen, quasi als Warnhinweis auf Giftbollen in seinem Acker.

Und dann noch der Gesang - etwa eine ekstatische Naturseligkeit? Dabei begleitet von einem Text, gespickt mit Ratio-Rudimenten.

Na, ja!
Im Dunkeln ist gut munkeln.

27. 10. 2009
Interview in einer gastlichen Kölner Lokation.
Rechtsrheinisch gelegen.

Notiz:
Anfahrt wie vorige Woche bei stabilem herbstlichen Hochdruckwetter, kaum bewölkt und trocken. Parkieren am Bahnhof Köln-Deutz. Da deutlich vorzeitig angekommen, ein kurzer Gang in Richtung Rheinufer. Dort ein Quick-Shot mit meinem neuen Makro-Objektiv. Und noch ein weiterer Shot auf der Treppe der fußläufig schnell zu erreichenden Magistrale des Stadthauses Deutz.

Wieder zurück am Eingang des Bahnhofs Köln-Deutz, beim Betrachten der Fotostrecke auf dem Display mit eingeklemmter WAZ-Zeitung unter meinem linken Arm, vernehme ich eine mehr oder weniger jugendlich klingende Stimme neben mir, in eindeutig eingefärbter Kölner Mundart.
Na, das kann ja heiter werden!
Notizende.

Hallo, Sie halten eine WAZ-Zeitung unter Ihrem linken Arm. Sind wir verabredet?
Klaro!
Hallo, ich bin Ihr Gesprächspartner. Wo, bitte sehr, können wir in Ruhe plaudern?
Sehen Sie, vis à vis vom Bahnhof Köln-Deutz liegt der so genannte Schlafgürtel. Dort reiht sich ein Hotel und ein Gästehaus ans andere, vornehmlich bestimmt für Messebesucher - und heute, also am Samstag, ist allgemeiner Abreisetag und Ruhe angesagt, sodass wir

dort in unmittelbarer Nachbarschaft in einem ungezwungenen Ambiente eines Cafés einen Platz finden werden - übrigens in einer Lokation, hier bestens bekannt als ungezwungener Treffpunkt, auch für Familienfeiern geeignet, darüber hinaus ein ultimativer Anlaufpunkt für Karnevals-Jecken. Ich selbst habe dort mein erstes Stößchen serviert bekommen, will sagen:

Vor vielen Jahren, weit nach Mitternacht, schob man mir dort eine reduzierte "Kölner Stange" über den Tresen, als eine schnell zu konsumierende Menge Kölsch im "0,1 Liter-Format" und gedacht als gelinder Rausschmeißer.

Hier ist sie, unsere Plauderecke!

Und begreifen Sie das Ambiente als einen gemütlichen kommunikativen Ort, bestückt mit diversen Zeitungen und Szeneblättern und, beim Gang in die urinalen Katakomben, kocht dort synchron die lokale Szene hoch.

Immer munter in den Keller runter − und kein Mensch muss müssen, es sei denn, er muss.

Aber hallo!

Diesen Spruch muss ich mir merken. Den finde ich kernig, ebenso wie die Abbildung auf Ihrem Flyer:

GROßER MANN

KLEINER MANN.

Liegt das Isenburger Schloss irgendwo in Bayern?

In Bayern, warum ausgerechnet in Bayern?

Weil ich mir eine derartig bombastische und knackige Statue sehr wohl als Prunkstück in einem bayerischen Schloss vorstellen kann, die vielleicht als Leihgabe ihren Weg in den Ruhmestempel der Deutschen, der Walhalla Regensburg, fand. Ich assoziiere dabei Outsourcing oder Cash by Rent, Sie verstehen?

- Eine Leihgabe pekuniärer Art an die Walhalla! Also, auf eine solche Idee muss man erst einmal kommen, vermutlich beim Müssen.

Jedenfalls, bei meinem ersten und letzten Kontakt mit der Walhalla, musste dort ein Deutscher Teckel müssen. Der pinkelte gezielt seine konzentrierte Duftmarke an die rechte Eingangssäule aus Marmor, derweil ein VW-Bully, voll bepackt mit Bierzelttischen und Sitzbänken darauf wartete, von uns in den Wild-Forst der von Thun und Taxis verbracht zu werden. Die Lage der Hütte beschrieb uns der amtierende Wildparkhüter in angesagter bayerischer Mundart und, beim unvermeidlichen nachfolgenden Irren auf Waldwegen, stoppten wir einfach vor der nächstgelegenen Waldschrathütte und entluden dort die Fracht in toto, bereits bei einsetzender Dämmerung, begleitet vom Schrei des Käuzchens und begleitet von einem warmen Six-Pack nebst schwarzem Tobak zum Selberdrehen und Beilagen, hervorgekrümelt aus Stanniolpapier.

Jetzt noch eine Irrfahrt durch den nächtlichen Forst mit anschließender Langweilfahrt über Landstraßen zurück nach München?

Nein, warum denn nicht einfach hier in freier Wildbahn auf einer dieser abgeladenen "Bierzeltgarnituren" übernachten?

Na bitte! Warum nicht?

Irgendwann, in sehr weit fortgeschrittener Nacht, bereits heruntergekühlt und feucht umfangen von klammen Klamotten und tierisch geweckt vom Halligalli huschender wie trappelnder Mäuse, Ratten oder anderer nächtlich aktiver bayerischer Tief-Forst-Bewohner, wechselten wir taumelnd ins Führerhaus und auf die Ladefläche unseres Kleintransporters.

Meine persönliche Entschädigung dieses abseitigen Trips erfolgte tags drauf in München zur Mittagszeit in einer kleinen Pizzeria, irgendwo down town. Genoss dort meine erste Pizza im Leben. Goutierte diese in einer nie wiedergekehrten leckeren Kreation, während ein fleckiger Handzettel auf dem Nachbartisch einen Jazz-Abend im Amerika Haus München mit Mister "BO" ankündigte und ich, begierig kauend, entschied: Nichts wie hin, ab zum Amerika Haus München, um dort ein weit entferntes Amerika aus der Nähe zu erleben!

Definitiv viel zu früh, saß ich ganz allein an einem grazilen Rundtischchen und sah vor mir ein verschalendes trübes Bierglas ohne Schaum − Scheiße!

Doch Achtung!
Da schälte sich seitwärts aus einem speckig schwarz glänzenden Vorhang in federnder geschmeidiger Gangart ein akkurat gekleideter schwarzhäutiger Mann hervor, gewandet in ein glitzerndes nachtblaues Jacket auf offenem Rüschen-Hemd in Mint über gebügelter Hose in Taupe und mit blank polierten schwarzen Schnürschuhen.

Kein Zweifel!
Da installierte sich ein Neger an einem glänzenden schwarzen Bechstein-Flügel, der ihn farblich fast vereinnahmte, beinahe verschluckte, derweil er gekonnt eine Zigarette zwischen den Lippen jonglierte und diese dann achtlos beiseite legte, um die Tasten zu streicheln,

um seine Musik wahr werden zu lassen.

Und ich, ich saß da – war sein einziger Zuhörer im abgedunkelten Raum, war gebannt und gefesselt ob eines tonalen Neuklangs an Rhythmen, ja, ich war ganz Ohr und war nachhaltig inspiriert.

Heute, fast drei Jahrzehnte später, begegnen mir diese damals gehörten Melodien und metronomisch abgespeicherten Rhythmen bewusst wieder und ich begreife sie aufgrund jener einmaligen Darbietung als die einzig wahre Interpretation aus dem "Great American Songbook" mit seinen klassischen Vertretern von Komponisten wie Duke Ellington mit "Mood Indigo", wie Irving Berlin mit "Blue Skies" oder wie George und Ira Gershwin mit "Summertime".

Sehen Sie, Ihre Assoziation mag zutreffen. Aber die Abbildung auf dem Flyer des Fragebogens ist ein Endergebnis aus dokumentarischer Fotografie und bildgestalteten Elementen, wobei eine lebensgroße Statue einen Brunnen ziert. Diese ist platziert vor dem Isenburger Schloss in Offenbach am Main, wo heute die Hochschule für Gestaltung ihren Sitz hat.

Ich darf Ihnen versichern, dass mich mein Foto Shooting vor Ort ebenso wie die nachfolgende Bildbearbeitung am Rechner begeistert hat.

Aha, so ist das also!

Jedenfalls hat mich das Foto sehr angesprochen und meine Erinnerung, Hand in Hand mit meinem Vater, schlagartig wieder aufleben lassen.

29

Eigentlich sind es zwei weit zurückliegende Erinnerungs-Sequenzen mit einhergehenden Befindlichkeiten.

Und, bitte sehr, welche Begebenheit liegt am weitesten zurück?

Das war damals direkt nach unserem Umzug von Köln-Lindenthal nach Köln-Porz. Will sagen, da wechselte ich mit meinen Eltern aus dem Stadtbezirk eines großzügigen Wohnviertels im Nebeneinander von Wohnen und Gewerbe von links- nach rechtsrheinisch in ein eher beschauliches Ambiente von Köln-Porz am Rhein.

Wenn ich mich recht erinnere, war das Mitte der siebziger Jahre, als Porz ein Stadtteil von Köln wurde. Jedenfalls war diese Eingemeindung auch ein Thema in der neuen Grundschule, in welche ich während meines ersten Schuljahrs wechselte. Sogar die Tatsache, dass Porz vormals zum Rheinisch-Bergischen Kreis gehörte, wo immer das auch sein mochte, ist mir von damals im Gedächtnis verhaftet geblieben.

Ja, manchmal ist wirklich erstaunlich, welche Erinnerungssplitter sich eingegraben haben.
Jedenfalls brachte mich mein Vater zu meiner neunen Schule um, wie er meinte, im Rektorat die Formalitäten schnell zu regeln.
Ich erinnere dabei den Gang durch lange hohe Korridore mit Bohnerwachsmief. Während mein Vater mit mir vor einer Tür anhielt und energisch anklopfte, griff ich gezielt nach seiner Hand. Die ganze Umgebung bedrückte mich, ließ mich irgendwie kleiner werden und, was zum

Kuckuck, verbarg sich in dem Raum dahinter, Rektorat genannt?!

Da war ein düsterer hoher Raum, eingenebelt von Tabaksdunst und mit vielen Aktenordnern in Wandregalen. Ich zog meinen Vater an seiner Hand zu mir herunter und flüsterte ihm so etwas wie "Muffbude" ins Ohr, was sowohl ihn als auch mich auflachen ließ, just in dem Moment, als durch eine seitliche Zimmertür ein tonnenrunder kleiner Mann ins Zimmer trat, mich sinngemäß als einen fröhlichen Neuzugang begrüßte und nach meinem Namen fragte. In diesem Moment löste ich mich von der Hand meines Vaters, trat einen kleinen Schritt vor und verkündete forsch:

>Moritz, Herr Direktor<, worauf wir nun zu Dritt lachten.

Sodann, auf dem Weg zu meinem neuen Klassenraum, schritt vor mir behände und schnell der kugelrunde Rektor und ich ergriff erneut die Hand meines Vaters. Dieses Mal allerdings, um beim angesagten Schweinsgalopp, sicheren Halt beim Laufen zu haben.

Ob in diesen Momenten schon die Lust am schnellen Laufen in mir geweckt wurde – mag sein.

Oder ob parallel der Keim reifte, schöne lichte wie luftige Räume um mich herum zu haben – auch möglich.

Jedenfalls wurde ich kurz darauf in der ersten Klasse als der neue Moritz vorgestellt, bekam meinen Platz direkt vor dem Lehrerpult mit Max als Mitschüler.

Allgemeines Gelächter und Auftakt spannender Grundschuljahre in allen weiterführenden Klassen. Immer mit Max an meiner Seite, später sogar beim gemeinsamen kritischen Architekturstudium in Berlin.

31

So schreibt das Leben Geschichten!
Lassen Sie mich kombinieren, jetzt folgt der sportliche Teil.

Da haben Sie gut mitgedacht!
Schnell zu Fuß zu sein, habe ich eindeutig von meinem Vater geerbt. Während mein Vater in der Langlaufabteilung des GSV Porz (Gymnasial Sportverein Porz e.V.) vorne mitmischte, erntete ich Meriten beim Sprint, was mir das Geräteturnen ersparte. Will sagen, mich von Turnvater Jahns Martergeräten wie Barren, Reck, Bock, Kasten und eierquetschenden Kletterseilen befreite, verquer abgegriffen bei "frisch, fromm, fröhlich, frei" und geil getarnt unter Aufsicht sowie unterm pervertierten Deckmantel unseres Sportlehrers, eines ehemals braunen Schinders.

Dass solche Galgenvögel unsere BRD noch weit nach Kriegsende im öffentlichen Raum belebten, gehört zur gelebten Deutschen Nachkriegs-Geschichte.
Äh, sowohl zur westdeutschen Geschichte als auch zur ostdeutschen Geschichte, was nach dem Mauerfall vom 09.Nov.1989 fortan gemeinsam in Deutsch-Deutscher Vereinigung totgeschwiegen wird, allseits bekannt als praktizierte Historienbewältigung!

Ich belobige Ihre kritische Sehensweise!

Sagte so ähnlich mein Vater, als er mir den Vierkantschlüssel seines Spindes übergab.
Jedenfalls wird das Thema der neuen deutschen Geschichte in diesem Jahr in den Medien oft angesprochen

in Hinblick auf 60 Jahre Bundesrepublik und 20 Jahre Mauerfall.
Da war ich doch vergangene Woche erst in meiner rührigen Lieblingsbuchhandlung bei einer aktuellen Buchlesung zum obigen Thema. Moment, irgendwo in meiner Brieftasche steckt noch der Flyer mit aufgelisteten Büchern zum Thema.
Hier ist er, bitte sehr!

Danke!
Machen wir doch eine kurze Pause, damit ich mir die Titel notieren kann.

Notiz:
•Die Mauer, Bildband, Fackelträger Verlag
•Die SED, Geschichte einer deutschen Partei, Beck Verlag
•Deutschland, einig Vaterland, Weltbuch Verlag
•Ich muss raus, 13 Wege aus der DDR, Mitteldeutscher Verlag
•Die Schuld der Mitläufer, Pantheon Verlag
•Deutschland einig Vaterland - die Geschichte der Wiedervereinigung, C.H. Beck
•Wir sind das Volk! Wir sind das Volk! Beck'sche Reihe
•Die Vereinigung Deutschlands - ein weltpolitisches Machtspiel, Bundeszentrale für politische Bildung, Band 381
Notizende.

So, nach diesem aktuellen Politikausflug, wieder zurück zum sportlichen Teil:
In Erinnerung sportlicher Ereignisse sehe ich mein nächstes Erlebnis, Hand in Hand mit meinem Vater.

An einem Sonntag hieß es wieder: Die Sporttasche gepackt und ab geht's zum Langlaufwettbewerb unter dem Motto "Rund um die Zündorfer Altstadt und das Fischerdorf Langel".

Applaus bei der Siegerehrung, wobei der Sieger auf einer Bierkiste stand, beidseitig flankiert zu ebener Erde von den sportlichen Gewinnern des zweiten und dritten Platzes, wozu mein Vater gehörte.
Er schwenkte mit der linken Hand seinen Pokal, winkte mich zu sich heran und reichte mir seine rechte Hand und teilte seinen Sieg mit mir.

Ja, mir schien in diesem Moment, als ginge ein Teil von ihm durch die gereichte Hand an mich über. Quasi als ein geladener Energietransfer.
Und dabei machte er mich stolz und stark zugleich.

Mein Vater als Gewinner und als mannhaft starkes Vorbild. So und genau so, wollte ich später auch sein.
Dann, wenn ich ein Großer bin!

Dem Verein bin ich übrigens bis heute verbunden und habe mich mit dem 5km-Langlauf arrangiert.

Den praktizieren Sie wie oft?

Einmal die Woche, vornehmlich am Freitag-Nachmittag. Während dieser dreißig Minuten bekomme ich den Kopf frei, schwitze aus allen Poren meinen Alltagsstress heraus und male mir während nachfolgender heißer Dauer-Dusche eine formvollendete Stange Kölsch aus.

Nun gut!
Dazu möchte ich Sie hier und jetzt auch einladen und mich
für das Gespräch bedanken.

Jim Beam:
Also, ich stehe unten im Regal fast ganz vorne, habe das

Gespräch direkt mitbekommen und fand die eierquetschenden Kletterseile vom Turnvater Jahn echt krass.

Orangina:
Ich bin aber näher dran!

Jim Beam:
Du fette Träne aus Orangen. Hier zählt Hochprozentiges und nicht dein Dritte-Welt-Geschleime!

Orangina:
Du dummer Cowboy. Ich bin ökologisch gesund und dazu noch alkoholfrei.

Schweppesglas:
Hört auf, Euch zu streiten!
Genießt Eure Zeit, bevor ihr in irgendeinem durstigen Schlund für immer verschwindet.
Wenn jemand das Gespräch verstanden hat, dann bin ich es, denn aus meinem Glas wird Schweppes schon seit1783 getrunken. Da war der Turnvater Jahn gerade mal ein fünfjähriger Bengel, war ein Spross aus einer Pastorenfamilie aus der Mark Brandenburg.
Hey, Kuhjunge!
Die Mark Brandenburg liegt in der alten Welt. Liegt im Raum zwischen Elbe und Oder, liegt zwischen Fläming und Mecklenburgischer Seenplatte.
Und dieser Friedrich Ludwig Jahn – Kraftmeier, Rauhbein, Burschenschaftsgründer, Agitator, Abhärter, Demokratenfresser, Volkstümler, "Korporal des Deutschtums" (1778-1852) – turnte tatsächlich vor, entwickelte "Gymnastik für die Jugend" oder auch "Mechanische Nebenbeschäftigungen für Jünglinge und Männer" und gründete südlich der preußischen Hauptstadt in der Hasenheide den ersten deutschen

Turnplatz, auf dem sich unter deutschen Eichen seine entwickelten Martergeräte wie Barren, Böcke, Kästen, Kletterbäume, Reck und Seilwände befanden, derweil Pappkameraden als Scheinfranzosen herumstanden, nach denen gehauen, geworfen und gestochen wurde.

Jim Beam:
Du nervst.

Schweppesglas:
Und Du hast keine Ahnung von Geschichte, geschweige denn vom politischen Tagesgeschehen, denn Turnvaters mannhafte Pädagogik führte mit ihren Spätfolgen zu Leibes- und Wehrertüchtigung, Abhärtungswahn, Kraft durch Freude, BDM, FDJ, FKK, CVJM, Stanley Kubricks "Full Metal Jacket", Spezialeinheiten, Elitetruppen, Söldnerheeren, neuzeitigen Kampf- und Killermaschinen nebst unbemannten Drohnen sowie Besatzungen von Kampfhubschraubern, die beispielsweise im Juli 2007 in Bagdad unter augenscheinlich unbewaffneten Zivilisten ein Blutbad anrichteten. Etwa ein Dutzend Menschen starben, darunter zwei Mitarbeiter der Nachrichtenagentur Reuters. (Quelle: WAZ v. 07.04.2010 ff). Wen wundert es eigentlich, dass Reuters, nach Kauf und Vereinigung mit der kanadischen Thomson-Gruppe und seit dem 17.04.2008 unter Thomson Reuters firmiert mit Hauptsitz in New York, derart reagiert:
Die Nachrichtenagentur Reuters verzichtet in einer Stellungnahme auf Kritik am US-Militär:
"Der Tod der Mitarbeiter ist tragisch und ein Beispiel dafür, welche extreme Gefahren mit einem Einsatz in Kriegsgebieten verbunden sind", so der Chefredakteur David S.
Dazu passend wird via Bordfunk zeitgleich übermittelt:

*"Nice" sagt ein US-Todesschütze mehrmals über Funk -
und meint mit "nett" die Toten, deren Körperteile durch
die Wucht der Geschosse zu Boden fallen, zerwirkt in einer
diffusen Totentanz-Staubwolke, verwirbelnd wie definitiv
getoppt von Blut, Dreck und Staub. Dazu desaströse
Nahaufnahmen unbewaffneter Zivilisten, die andere
Verletzte retten wollen. Sie, die als Einzige im Geschehen
einen Funken von Menschlichkeit zeigen.*
Dimple, 12 Years Old:
*Jetzt sage ich zwölf Mal hintereinander: Genug!!!!!!!!!!!!
Ich will in Ruhe vom schönen Schottland träumen.*

09. 11. 2009
Interview in der Rüttenscheider Hausbrauerei, Brauerei und Gaststätte im Girardet-Haus in Essen.

Notiz:
Ich liebe mein blaues Ticket 2000 im Abonnement eines
Essener Verkehrsunternehmens. Liebe es bereits seit
einigen Jahren.
Warum?
Weil ich damit stressfrei, also ohne Automobil, den
"Nabel der Welt" erreiche, wie ihn vormals ein
Zeitgenosse als mein heutiges Ziel titulierte, während
automobile Lindwürmer sich im tosenden Berufsverkehr
gegenseitig die Kante geben. Da throne ich ganz vorne im
Bus, rechts neben dem Busfahrer, auf einem erhöhten
Einzelsitzplatz, während einer nur vier Stationen
umfassenden Busfahrt mit nur zwei weiteren Fahrgästen
an Bord.

Diese frühabendliche, beinahe geisterhaft einher kommende Busfahrt beendend, steige ich an der Station Girardet-Haus aus, fünf Minuten vor sechs Uhr, um sodann pünktlich am vereinbarten Tischchen, etwas abgelegen zwischen dicken Kupferkesseln, den so genannten hauseigenen Sudgefäßen, auf meinen Gesprächspartner zu treffen.
Notizende.

- Na, da sitzt doch offensichtlich schon mein Interviewpartner und beißt beherzt in eine hauseigene Brezel, bedeckt mit vielen weißen Salzkrümeln.
Sehe schlohweißes Kurzhaar, straffbraun gegerbten Gesichtsteint, knappe Lederjacke auf straffem Body strunzend wie "Forever Young". Quasi als Abziehbild eines aktuellen Fitnesspapstes, dabei definitiv meine fortlaufende Dekade überschreitend und, wenn ihm in dieser angesagten Konstellation tatsächlich ein sorgenfreier wie unbeschwerter Biss in eine Brezel gelingt, dann darf er sich wirklich glücklich schätzen, einen kompetenten wie zukunftsorientierten Zahnarzt in seiner altersgemäßen angesagten Ärzteagenda zu haben, denn semi- oder totaler herausnehmbarer Zahnersatz, womöglich "Implantatgetragen", fällt zweifelsohne unter das Thema: "Ausgliederung von Leistungen für Zahnersatz aus der gesetzlichen Krankenversicherung.
Siehe dazu:
Volkswirtschaftliche Diskussionsreihe: www.wiwi.uni-augsburg.de von Axel Olaf Kern.
Wobei nach dortiger Diskussion zu Leistungs-ausgrenzungen von speziellem Zahnersatz sowie zur Finanzierung ausgegliederter Zahnersatzleistungen auf

39

Seite 32 mit Tabelle 10 hervorgehoben wird, dass bei Senioren (65-74 Jahre) in Bezug auf die Wirkung guter Zähne neben dem primären, funktionalen Aspekt wie Kauen und Beißen insbesondere psychisches Wohlbefinden hoch eingeschätzt wird, arrondiert von noch höheren Aspekten im höheren Lebensalter wie psychische Komponenten "Lächeln und Lachen", "Selbstvertrauen" sowie "Aussehen". Erstaunlich, nicht wahr?

Guten Abend und guten Appetit!

Danke sehr, sind wir verabredet?

Ich denke schon, das Thema GROßER MANN UND KLEINER MANN ist angesagt.

So ist es!
Und so eine Brezel ist eine gute Grundlage und sorgt für den richtigen Durst.

    - Das kann ja heiter werden!
Gut, dass ich den Bus genommen habe. Also ordere ich ebenfalls eine Brezel und dazu gleich eine Runde Kellerbier.

Prost!

Prost!
Wissen Sie, ein "Prost" ist immer angebracht. Sei es ein "Prost" nach einer sportlichen Betätigung oder als Abschluss einer sportlichen Veranstaltung.

Ein "Prost" gehört einfach dazu, quasi als Krönung. Und wenn wir schon von Krönung sprechen, dann ist die Krönung in diesem Ambiente die Tatsache, dass wir im wahrsten Sinne des Wortes an der Quelle sitzen.
Dabei meine ich nicht die Zapfanlage hinter der Theke, nein, die ist ja nur die Endstation eines Herstellungsprozesses, der hier vor Ort, also sowohl in diesen als auch in den angrenzenden Räumlichkeiten, komplett abläuft.

Stimmt, vor einigen Jahren hatte ich Gelegenheit, einmal hinter die Kulissen zu schauen. Hopfen und Malz, Gott erhalt's!
Damit geht's los unter Zusatz von Brauwasser, dann Maischen, Läutern, Würzen und Kochen, dann Kühlen, Gären, Reifen, Lagern, Abfüllen und "Prost"!

Sie haben vorhin unbewusst meine bevorzugte Biersorte geordert.

Habe ich?

Nun ja!
Gebraut werden hier zurzeit zwei naturbelassene Biere, das helle untergärige Kellerbier und das dunkle obergärige Weizenbier – dieses mit mehr Hopfen und etwas weniger Kohlensäure als üblich, wobei ich persönlich das helle Bier bevorzuge.

Dann bleiben wir mal beim hellen Bier!
Damit bin ich aufgewachsen. In der Bierstadt, in Dortmund, wo dunkles Bier, also Malzbier, nur was für

41

werdende Mütter ist. Und wo Bier zum Fußball gehört. Und wo die Fußballfans auf der Südtribüne toben. Und wo die Südkurve fünfundzwanzigtausend Fans fasst.

Sie sprechen von Borussia Dortmund?!

Na klar, ich meine den BVB 09! Der feiert übrigens in Kürze seinen hundertjährigen Geburtstag. Zum legendären Borsigplatz in Dortmund und ins Stadion Rote Erde hat mich mein Vater früher mitgeschleppt. Fußball über alles! Und abfeiern in einer Eck-Kneipe nach Spielende, egal, ob gewonnen oder verloren. Jedenfalls begleitet von endlosen Debatten wie Diskussionen um vermeintlich vergebene Chancen, wiederholte Schilderung eines sauberen Passes oder eines üblen Fouls, eines genialen Hackentricks... und dann, bitte sehr, die nächste Runde!

Es ist schon wirklich ein Zufall! Da werde ich auf Ihren Fragebogen mit dem GROßEN MANN und mit dem KLEINEN MANN aufmerksam. Mir fällt dazu spontan ein ganzes Bündel frühkindlicher Begebenheiten ein und, worum geht es in erster Linie? Es geht um Fußball, Männersache, Thema Nummer Eins!

Bevor wir so richtig zur Sache kommen, möchte ich eine Bestellung aufgeben, denn auf der Speisekarte habe ich eine bodenständige Bratkartoffelpfanne entdeckt...lecker!

Hört sich gut an, die nehme ich auch!

Und jetzt ein Verteiler.

Verstehe!
Zwei eiskalte "JUBI", bitte!

Ganz nebenbei:
Welches war wohl das schönste oder tollste Tor, Ihrer
Meinung nach?

Welches Tor – wobei?
Während Bundesliga, Champions League, Eurosport,
Rumpelfußball, Vorauswahl oder WM.
Oder bei Fallrückzieher, Freistoß, indirektem Freistoß,
Flugkopfball, Fernschuss oder beim Golden Gate
Football, Sie haben die Auswahl!

Mein Spitzentor fiel, als der Schweinsteiger, also
Schweini Schweinsteiger, während der letzten WM 2006
beim Spiel um Platz 3 gegen Portugal das 1:0 für
Deutschland durch einen "flatternden" Distanzschuss
erzielte.

Super!
Und als mein Hammertor sehe ich das erste Tor bei
besagter Fußball-Weltmeisterschaft 2006, das Philipp
Lahm bereits nach sechs Minuten Spielzeit schoss.

Ich sehe, wir sind bereits in bester Fußball-Laune, und
genau im Umfeld Fußball ist meine persönliche starke
Erinnerung und Verbundenheit mit meinem Vater
angesiedelt.
Allerdings fordern die Umstände einen weiten Zeitsprung
rückwärts, hinein in die Zeit direkt nach dem zweiten
Weltkrieg. Es muss zwischen 1946 und 1947 gewesen

sein, als ich in der zweiten Grundschulklasse war, also im Alter von sieben Jahren. Denn da kaufte mein Vater mir einen blauen Tretroller, mit dem ich sodann täglich in die Schule fuhr. Damit der tolle Roller nicht abhandenkam, durfte ich ihn beim Hausmeister in einem Raum abstellen, wo Milch- und Kakaoflaschen aufbewahrt wurden, die uns in der großen Pause mit einem Trinkhalm ausgeliefert wurden. Natürlich nicht umsonst, denn nur wer sein "Milchgeld" pünktlich zum Wochenanfang beibrachte, hatte die Wahl zwischen Milch oder Kakao. Bevor ich mich zu weit in Erinnerungen verliere, komme ich noch einmal zurück auf meinen Roller, denn um diesen bewegen oder richtig fahren zu können, war ich davor schon stolzer Besitzer eines Dreirades mit Pedalerie und Kettenantrieb auf die Hinterräder. Genau wie an jenem Tag, an dem mein Vater die Hinterachse einkürzte und auf ein solitäres Rad reduzierte, mich anschob, neben mir lief und mich beim Rollen beidhändig an den Schultern stützte, mich vorm Umkippen bewahrte und dann einfach los ließ, nachdem ich Fahrt aufgenommen hatte und tatsächlich stabil rollte, bar jeder Angst von Fall oder Sturz, und dabei dieses erhebende neue Glücksgefühl auskostete, und zwar so lange, bis ich mit weicher Landung im hohen Gras der Wegböschung stecken blieb bei lichtem Wetter zur Sommerzeit – genauso schön war es an jenem Tag, als in Erwitte ein Fußballverein sein Jubiläum feierte.

Verstehe ich richtig, dass Ihr Vater Ihnen nachhaltige Mobilitätsmuster vermittelte?

Nicht nur das, sondern er vermittelte auch technisches

Geschick beim Reparieren eines platten Reifens, beim Wiederauflegen einer abgesprungenen Kette, beim Zerlegen eines groben Gartentorschlosses, bei Installation einer neuen Haustürglocke oder beim Ausbau einer Anlasser-Batterie. Dass man dabei einen Draht zwischen den Polen zum Glühen, ja, sogar bis zum Verglühen bringen konnte, inspirierte mich nachhaltig.

Warum ich in diesen gemeinsamen Genuss vielfältiger technischer Finessen kam, erkannte ich allerdings erst viele Jahre später, denn im familiären Umgang mit drei älteren Schwestern und einer strengen Mutter war ich als Nachkömmling offensichtlich für meinen Vater der ersehnte genuine Familienausgleich.

Sie waren das Prinzchen?

Schön formuliert!

Sagen wir's so: Wir beide waren nachhaltig verpeilt als Prinzenpaar beim Fußball – bis hin zum 90. Geburtstag meines Vaters, doch dazu später.

Zuvorderst steht mein erstes doppeltes Großerlebnis während einer Fußballveranstaltung, wobei ich als kleiner Mann, gemeinsam mit meinem Vater, erstmalig die Bühne einer großen Sportveranstaltung betrat und wonach ich vom Fußball infiziert galt – bis zum heutigen Tage.

Angesagt war in Erwitte die Jubiläumsfeier des ansässigen Fußballvereins.

Namentlich nicht erinnert, alldieweil Erwitte zu jener Zeit in der "Gauliga" spielte – später als "Landesliga" tituliert. Jedenfalls stand die ganze Region von Soest bis Paderborn Kopf, denn zu diesem Vereinsjubiläum in Erwitte hatte sich der berühmte "FC SCHALKE 04" mit seinen legendären internationalen Stars angesagt. Überall prangten Plakate und auffällige Zettel, garniert mit den Konterfeis angesagter Fußball-Koryphäen, ja, sie warben auf Litfaß-Säulen, auf Eckwänden und auf Lattenzäunen. Noch heute erinnere ich Namen wie Fritz Szepan und Ernst Kuzorra. Hans Kloidt im Tor und sein jüngerer Bruder Bernie als Außenstürmer – und dann noch Kwiatkowski, Gellesch, Eppendorf... und so weiter.

Also machten sich alle auf, die ein Fahrrad besaßen. Es ging in Richtung Erwitte zum Sportplatz – nicht zum Stadion oder gar Arena!

Wurden keine Busse eingesetzt?

Nein, direkt nach dem Krieg gab es keine. Da rumpelten höchstens einige Bauernfuhren, ansonsten bewegte man sich per Pedes oder mit dem Fahrrad. Immerhin lag eine Strecke von zehn Kilometern vor uns. Ich saß vor dem Vater auf der Fahrradstange des Herrenrades, schräg auf einer Pobacke und hielt mich mittig am Lenker fest. Bewegen sollte ich mich möglichst wenig, denn mein Vater musste kräftig strampeln, da es von Lippstadt bis Erwitte ununterbrochen leicht bergauf ging. Nach einer kurzen Verschnaufpause konnte ich dann auf den Gepäckträger wechseln, wo ich ein wenig komfortabler saß.

Erwitte war überfüllt bei schönem Sommerwetter, und ich erinnere noch eine unvorstellbar hohe Besucherzahl von fünf bis sechstausend Fußballfans.

Damit war der Sportplatz sicherlich übervoll?!

War er, und ich war aufgeregt, fieberte vor Spannung und fürchtete, vom Spiel nicht viel sehen zu können. Doch Ordner und Polizisten lotsten die Kleinen an den stehenden Massen vorbei bis fast an die Seitenlinien. Hier konnte man auf weichem Rasen hocken, knien, sitzen und herrlich schauen – nur raus kam man nicht mehr!

Diese Erkenntnis stellte sich wann und wie ein?

Erst später im Verlauf des Fußballspieles, denn vorab nahm das große Ereignis seinen Lauf.
Die Dorfmannschaft gegen den sechsfachen Deutschen Meister. Die Erwitter wurden schwindelig gespielt, Schalke führte zur Halbzeit 6 : 0 und in der zweiten Hälfte ging der Zauber weiter; es war ein Fußballfest.

Aber dann begann meine ganz persönliche Katastrophe: Ich verspürte ein natürliches Bedürfnis, das mich zuerst vom Spiel ablenkte, denn die Limonade suchte ihren Weg via naturalis abgeführt zu werden. Der Harndrang wurde schlimmer, schließlich unerträglich und, in höchster Not, dominierend über Scham und Verklemmung, versuchte ich kniend, möglichst unauffällig, mein Wasserhähnchen aus dem Hosenbein der kurzen Manchester-Rippkord-Hose hervorzuholen. Ließ laufen, ließ abwärts laufen, erst am Oberschenkel entlang, um sodann am Knie die Düngung grünen Grases vorzunehmen. Die Erleichterung war so groß, dass ich glaubte, niemand habe etwas bemerkt – und heute bin ich fest der Meinung, dass ich damals niemals nimmer allein mit meiner Notdurft war. Danach konnte ich mich wieder für die restliche Zeit auf das Fußballspiel konzentrieren. Im nachfolgenden tausendfachen Jubel der Massen stand es am Ende 16 : 0 für Schalke 04.

Sehen Sie es locker, etwa in der Südkurve von Borussia Dortmund zu stehen, zusammen mit weiteren fünfundzwanzigtausend Fans, sehen Sie dort die herumfliegenden Pappbecher, spielerisch abgeworfen mit fraglichem Inhalt, weswegen und wozu die Einkleidung mittels Ganzkörperkondom oder Kutte heutzutage angebracht ist, gleichwohl das Bad in der Menge wortwörtlich inkludierend.

Nur die gelebte Begeisterung bleibt besonders erhalten! Nachfolgende Fußballspiele wurden dann im Radio gehört, im Sportteil der Zeitung verschlungen und dann, viele Jahre später, bei Fernsehübertragungen verfolgt.

Wann immer sich die Möglichkeit ergab, hockten mein Vater und ich gemeinsam vor den Geräten. Zwar erwuchsen ihm im Laufe der Zeit drei Schwiegersöhne, allerdings untauglich in Sachen Fußball, und somit bleib unsere Zweisamkeit erhalten.
Sogar an seinem 90. Geburtstag!
Als im Garten an zwei Bierzeltgarnituren Kaffee und Kuchen serviert wurden, verdünnisierten wir uns zwischendurch und sahen uns im Haus die zweite Halbzeit von Schalke 04 gegen Bayern München an.

Das war dann wohl der Höhepunkt des runden Geburtstags, richtig?

Richtig!

Nun denn, ich bedanke ich mich für das lange Interview und ordere zum Abrunden noch eine Runde Kellerbier. Prost!

Prost!

Die besondere Notiz:
Bereits bei Konzeption dieses Buches erwog ich von vornherein eine mögliche Zweiteilung meiner Interviews.

Auf der einen Seite VATER UND SOHN und auf der anderen Seite GROßVATER UND ENKEL.

Ob nun meine angedachte Zweiteilung wahr werden würde, sollten definitiv die geführten Interviews entscheiden.

Im gleichen Augenblick ertappte ich mich, obwohl erst am Anfang dieses Buchprojektes stehend, als eigener Sklave meiner Ordnungswut.

"Let things happen!"
"Why not?"
"Aus dem Felde gehen" – derart erinnerte ich einen adäquaten Lösungsansatz aus frühen Zeiten des Fremdgehens in anderen Fakultäten zu Beginn meines Studiums, wobei ich nicht nur bei den Psychos, den Rechts-Medizinern sondern vornehmlich in der separaten Mensa des Institutes für Kulturpädagogik mit angesagter weiblicher Orchideisierung wilderte und, sogar am Tisch des Herrn einer religiösen Bruderschaft im parasitären Gleichklang mit einem mir schon aus Schulzeiten

bekannten schrägen Vogel namens HIPPI, meinen unsäglichen jugendlichen Hunger sehr umfangreich stillte. Wen wundert es also, dass beim gestrigen ausgedehnten sonntäglichen Brunch eine einfache chronologische Aufzeichnung meiner geführten Interviews sich mental bei mir einnistete, was gleichzeitig zu einem perfekten Inhaltsverzeichnis führte.

Ende der besonderen Notiz.

Bügelflasche vorne links:
Ich wurde ebenfalls bei einem Großereignis in Berlin mit einem dezenten Plopp geöffnet. Als Traditions-Siphon mit 2-L Inhalt brillierte ich in royalblauer Farbe und einem edlen Bügelverschluss, bestehend aus einem Porzellanknopf und Edelstahldraht.
Ich war befüllt mit Berliner Weiße, einem spritzigen, leicht hefetrüben dunkelgelben Bier mit einem leicht säuerlichen Geschmack, weswegen nach dem Befüllen

besonders geformter becherförmiger Gläser entweder ein Schuss Himbeersirup oder Waldmeistersirup zugesetzt wurde, um sodann mit einem Strohhalm serviert zu werden.

Traditionsflasche daneben:
Wir Siphons sind einzigartige Schmuckstücke für jeden Bierliebhaber.
Schaut mich an!
Auf meinem weißen bauchigen Untergrund prangt das Logo vom Drei-Heller-Bier und, Achtung!
Man nennt mich Miss Palla 2 und, da ich stolze 1.295 g auf die Waage bringe, gelte ich als schwergewichtig. In mir ruht das Drei-Heller-Bier aus der Gasthausbrauerei König von Flandern. Das Bier ist naturbelassen und ungefiltert und wird streng nach dem Deutschen Reinheitsgebot von 1516 unter Verwendung erstklassiger Rohstoffe handwerklich Sud für Sud liebevoll gebraut. Das Drei-Heller-Bier hat wie jedes Vollbier nach Pilsener Art 12% Stammwürze und ca. 4% Alkohol. Mit seinem typischen süffigen Geschmack kommt aus jeder Flasche ein bekömmliches Bier.
Auf Euer Wohl!

Braunes Buxtehuder Brauhaus Siphon:
Ich habe einen Prägestempel unter meinem Flaschenboden:
Woher ich komme, wollte ich gerne wissen, und deswegen inspirierte mich vormals im Frühjahr 2009 die Ausstellung:
"Reine Formsache ~ Deutsches Formglas", eröffnet im Glasmuseum Frauenau/Ofenhalle der Glasmanufaktur Poschinger. Dabei sehr übersichtlich zusammengeführt in einem repräsentativen Querschnitt über das bekannte

"Formglas aus dem 15. bis 19. Jahrhundert".
Allerdings gelang es mir dabei nicht, den Prägestempel unter meiner 2-l-Siphon-Bügelflasche zu eruieren oder etwa im Dunstkreis von Glasformen und Glashütten wie Bodenmais, Erfurt, Hof, Limburg, Nomos, Oberfranken, Sachsen, Schwarzwald sowie Taunus ausfindig zu machen.
Bleibe somit verhaftet in meiner geheimnisvollen 2-L Siphon-Vita.
Punkt!
Aus!

28.11.2009
Interview in der Gaststube eines urigen
Restaurants im südlichen Münsterland.

Notiz:
Der Wetterbericht verkündet wechselhaftes Wetter mit nachfolgendem Regen.
Also: Ende des stabilen herbstlichen Hochdrucks, nunmehr gefolgt von einem nasskalten Schmuddelwetter.
Sei's drum!
Notizende.

Bin bereits früh auf den Beinen, absolviere mein "Early Morning Shooting" aus der Dachluke neben unserer häuslichen Schlafstatt und starte sodann meinen wachsgepflegten Baby Benz. Starte und fahre ohne aktuelle Autokarte, starte ohne Navi-Gavi, starte einfach durch im Vertrauen auf mein visuelles Gedächtnis und erfreue mich an der Sport-Automatik mit 150 PS aus sechs Zylindern, während ich trottelige Opel- Renault- oder andere Schleich-Kombis mit hintan quer geladenen Hightech-Fahrrädern fürs Flachlandhappening mittels Lichthupe auf die rechte Schleichspur verweise und mir dabei vorstelle, wie mein nächster Etappen-Film womöglich auf der Überholspur ablaufen mag, nämlich dann, wenn mein Baby Benz bereits die Schrottpresse passiert hat und ich meinen brandneuen Boxster beschleunige. Nicht nur sein Kunstname aus Boxer und Roadster stimmt mich euphorisch, sondern auch der fassungslose Blick meiner Nachbarn, die mich als frühzeitigen Berufsaussteiger im nagelneuen Porsche nur vage einordnen können – umso besser!

Da lasse ich sonorig brummend vor meiner Doppelgarage gefühlte zweihundertsiebzig PS langsam und sicher warmlaufen, erwachend im kompakten schwingungsarmen 6-Zylinder-Block eines Mittelmotors, direkt platziert hinter beheizten straffen Sportsitzen, während ich die gelbe Öko-Tonne mit getrocknetem Hundekot oder abgelegten Hundekotbeuteln befülle.

Wa-Wa-Wummm!

Zwei Häuser weiter wird im krachenden Outfit von Gelb-Grau einer geballt aufgestellten Fahrbereitschaft vor zwei verdunkelten Limousinen mit blauen Pickeln auf den Dächern ein fetter, gegeelter Jungaufsteiger einer grünen Partei abholt und, was mich gleichzeitig belustigt, ist ein naher Nachbar mit seinen drei debilen Kötern, denen er freien Auslauf gewährt, wobei der feisteste Bello dem obigen Volksvertreter vor die Treppe kackt und beim

Piepton der Hundepfeife deregulierend abhackt, um somit eine beinahe formvollendete glänzende Tretminenspur zu hinterlassen.

Jetzt aber runter vom Gas!

Genug des allgemeinen frühmorgendlichen Unsinns!

Achtung!

Aufgepasst!

Münster-Süd, ich komme:

Komme, aber nur kurz und knapp wieder.

Rein und raus.

Fertig!

Aus!

Fenster auf:

Landluft rein und raus.

Lasse einen fliegen.

Bin so frei.

Buchstabiere bereits beim mittelprächtigen Darmwind: "C'est la guerre!", geschwind das Fenster wieder schließend.

Begegne Münster wie weit vormals im Nieselregen.

Begegne meinem heutigen Ziel im Nieselregen.

Damals meinte man: "Es meimelt".

Damals nervte mich diese lange anhaltende Großwetterlage.

Damals, da unfreiwillig mit dem Fahrrad unterwegs.

Damals, während langer karger sechseinhalb Jahre andauernder entbehrungsreicher Studienjahre.

Tja, man gewöhnt sich an allem, auch am Dativ − sagt man so!

"Denxte!" − sagt der Ruhri.

Denn damals war ich geladen und war voll dabei, dem Dunstkreis dieses Sauwetters zu entkommen, was nicht was nicht unbedingt bedeutet, dass auch in Münster manchmal die Sonne schön scheint.

Etwa am "Kanale Grande", wo das Wort "Nacktbaden" in der lokalen schwarzen Presse baden und wie eine bleierne Ente unterging.

Eigentlich, fehlt formvollendet, nur das dazu passende Pils zum Durstlöschen!

Aber nein!

Was gab's denn?

Ein abseitig gebrautes Gesöff namens Rolinck-Pils, das schon tonal an allen Stimmbändern kratzt und kratzt, damals, als sich Münster noch im festen Würgegriff dieses abseitig gebrauten Bieres befand, eines Magen- und Darmaufwühlenden Rohlings, vornehmlich gebraut für Bewohner dieser Region.

Allerdings, die Zeiten haben sich geändert, denn seitlich vor dem Restauranteingang, in einem solitären Schaukasten, präsentiert sich die gepflegte Speisekarte des Hauses und ich entdecke zu meiner Freude den Slogan: "Bitte ein Bit".

Na bitte!

Geht doch …

Bin angekommen im Jetzt:

Parke direkt neben dem Eingang im weiten Rund.

Bin wieder im Münsterland.

Bin wieder wie vormals inmitten einer weit ausladenden Landschaft, dort, wo man seinen Gedanken beim Blick auf Acker, Kornfeld und Weideland freien Lauf lassen kann.

Aber nur ein bisschen − aber nicht zu viel!

Denn deregulierende ländliche Deviationen stehen mir wirklich nicht zu Gesicht, mir, einem geborenen Großstadtmenschen!

Dass ich damals wahrlich von einem weiten Flurstück, von einem zu restaurierenden, da aufgegebenen Bauernhof mit Stallungen, einer Remise, anderen Nebengelassen sowie einem eigenen Ziehbrunnen träumte, war mein Traum-Teil-A.

Weiter war der Volvo-Kombi mein Traum-Teil-B. Denn der trägt mich und meinen Anhang ins sonnige Herz von Italien. Dort, wo Urlaub, Meer, Strand, Weingut, Gutshof und Pinien in ausgewählter Traumlage sich zusammenschließen, wo die tolle Toskana angesagt ist – das sonnenbeschienene super duftende Schlaraffenland schlechthin: Ohne Stechtiere, ohne Flöhe und ohne Dauerregen und ohne Hagelschauer, ha!

Einfach abdriften in die Toskana, in diese Super-Region von Mittel-Italien als eine historisch bedeutende Kulturlandschaft – hipp, hipp und noch einmal hipp – und ringsherum nur eierlegende Wollmilchsäue als genuine Nachbarn!

Dass aber meine damalige Freundin staatlich subventionierte Kinder-Aufzuchtstätten als allheilendes Mittel zur Freistellung der Mütter für ihre systemverändernden Ideen in einer alternativ grün gelagerten Generation vehement propagierte, will sagen, dass sie ihren fadengebundenen R. Steiner unterm Kopfkissen aberrativ beschlief und jenen fetten feisten Joschka-Freak kontaktierte, also wirklich, all das ließ mich systemimmanent krachendes Grün speien, und ich machte mich synchron vom Acker.

Das war's:

It's All Over Now, Baby Blue!

Wie Robert A. Zimmermann guttural gurgelte.

Wie es alias Bob Dylan näselnd nuschelnd abging.

Und:

Hasta la vista, Baby!

Wie es Hormon Arnold folgend neuweltlich artikulierte.

Mammamia!

Gegengift, steh mir bei!

Wo regiert Vernunft?

Schwere Zeiten, schwere Entscheidungen.

Man frage mich was Leichteres.

Rotiere in einer Narratologie, natürlich nur in einer Narratologie für Fortgeschrittene, wo Vestalinnen in Teigschürzen schimmern wie Expertinnen, Sacred Clowns, Holy Fools, Närrinnen, Kratzbürsten, Naschkatzen, Heulsusen, Vollweiber, Backfische, Klatschbasen oder Wuchtbrummen rotieren.

Wa-Wa-Wummm!

Wie weiter?

Vorwärtshumpelnde stolpern und Hinaufgerutschte rutschen ab. Das kostet im Einzelfall mehrere Zähne, später noch mehr, dann alles.

Erst meschugge, dann am Abgrund.

Dann wieder aufgestanden und sitzend zur Rechten eines neuen Zukunftsministers, labernd und lispelnd:

"Jetzt erst recht!"

"Make Love, not Babies! Save the Planet, kill yourself!"

"Lieber 1 x mit Schneewittchen als 8 x mit den 7 Zwergen!"

"Nie wieder Krieg!"

"Sei still, üb dein Idyll!"

"Mensch, werde wesentlich!"

Mach ich doch glatt, während…

Während sich ein neuer Engel an meinen Versen wärmt. Und sich alle anderen Esel im Verbund wund scheuern an Aprilscherz, Asylrecht, Asche, Bildzeitung, Blauband, Fließband und Rotband, neutralgrau an dunkelweiß, und wo sich Millionen ADAC- und CDU-Mitglieder, im Vorfeld betongrauer Rentnerburgen − Asche zu Asche, Staub zu Staub − diesseits von Aprilscherz und Herzschmerz zu Tode strampeln.

Dann reißt der Himmel auf und im Jubel seines himmlischen Blaus fokussiert ein Leit-Licht- Strahl mein Traumboot. Eine Oase tut sich auf… und noch eine Oase. Oh, aase nicht mit meinem Geld!

Gerate an eine fulminante Flussbiegung, wo Adam, Eva und die Schlange winken. Winken ihr Winke-Winke beim Ablegen des letzten Schiffes voller Clowns, Chefs, Freaks, Snobs, Stars, Tramps, Wracks und Zappelfuzzis − desaströs überladen und lautlos entschwindend während wohldosierten Sinkens.

Dabei fällt der Vorhang und ich wische mir ein Schlafkorn aus beiden Augen. Nur die Musik spielt noch immer weiter, sie spielt: "Also sprach Zarathustra" in der gleichnamigen symphonischen Dichtung von Richard Strauss. Beginnend mit der Einleitung eines grandiosen Sonnenaufgangs, brutal gefolgt von den Hinterwelten, wo wir kurz unterbrechen wollen für einen aktuellen Wortbeitrag von Max Issel, der vom praktischen Bau einer Igelburg im vorwinterlichen Hausgarten berichtet, während ich pfeilschnell die AUS-Taste des Autoradios drücke und dem Zusammenschnurren der automatischen Antenne neben der Heckscheibe lausche bei gewohnt flüchtigem Blick in den Panoramarückspiegel, um dort ein kreuzendes Fahrrad zu erhaschen, geführt von einem bärtigen Mann mittleren Alters, der beim Abstellen und Abschließen seines Rades mein Autonummernschild prüfend betrachtet.

Verlasse geschmeidig meine vierrädrige Ökoschleuder, stehe bereits neben ihm, während er mir ein lautstarkes MOIN MOIN! zuruft.

Sie kommen aus Essen, Sie sind mein Gesprächspartner! Zippelt den Reißverschluss seiner dünnen Kollegtasche auf und zieht meinen Flyer mit dem großen und dem kleinen Mann hervor.

Alles klar.
Treffer.
Ich bin Ihr Mann.
Wünsche ebenso einen Guten Morgen!

Gehen wir doch in die Gaststube!
Dort habe ich im hinteren Teil ein Tischchen reserviert,

direkt neben dem Durchgang zum kleinen Zimmer für spezielle Familienfeiern. Doch vorab bestelle ich zum Aufwärmen zwei Klare.

„Bitte sehr, Frau Wirtin, zwei Schierhölter Doppel-Korn!"

Erlauben Sie, bei Ihrem Durchblick verstehen Sie es vorzüglich, den Launen des Wetters die Stirn zu bieten.

Kann man wohl sagen!

Denn auch in einem Pastorenhauhalt gehörte die Flasche Korn zur Serienausstattung, und mein Vater hatte in seinem offiziellen Besprechungszimmer gleich mehrere Sorten im Bibelschrank stehen.

Kann sein, dass die Flaschen-Batterie noch besteht, da müsste ich heute oder morgen mal diskret nachschauen, weil sich im Pastorenhaus meiner Eltern kaum etwas geändert hat außer der Tatsache, dass das Kinderzimmer meiner Schwester heute als Gästezimmer fungiert und mein ehemaliges Reich im Dachgeschoss zur Rumpelkammer wurde.
Alte Erinnerungen aufrufen, ja, das klappt heute immer noch. Eigentlich schön, dass wir nach dem Ruhestand meines Vaters in diesem alten Haus weiterhin wohnen durften, da die Kirche der neuen Pastorenfamilie eine brandneue Wohnung direkt neben dem Gemeindesaal zur Verfügung stellte.

Sie sind demnach hier in nächster Umgebung aufgewachsen.

So ist es!
An diesem Wochenende haben wir Familientreffen und ich nahm dieses zum Anlass, dem Familienstress für einige Stunden zu entkommen, weswegen ich bei unserem Telefonat dieses bekannte Restaurant vorschlug.

Aber auf welchem Weg haben Sie denn meinen Flyer bekommen?

Sehen Sie, nach meinem Abitur studierte ich Maschinenbau in Bochum, blieb dort definitiv hängen und wohne heute in Bochum-Stiepel, während meine Schwester in Hattingen-Baak eine Hutmanufaktur betreibt.

Nicht zu fassen!
So klein ist die Welt.
Anfang der nächsten Woche werde ich Ihnen das erste Buch meiner großen Ruhrgebiets-Trilogie schicken mit dem Titel: DIE RUHR-MAGIER.
In der Vita mehrerer RuhrSchmiedeKnechte finden in Bochum-Stiepel deren Eseleien zusammen mit einem Hufschmied namens Wunnibald statt.
Die beiden folgenden Bücher mit dem Titel JONA und PINKA RUHR-WURM werde ich im kommenden Jahr als meinen persönlichen Beitrag für RUHR.2010 im Kulturfenster der Stadt Essen vorstellen, begleitet von sieben magischen Bildern in Acryl und Glanzlack.

Oh!
Dann waren Sie ja schon sehr produktiv.

Kann man sagen. Nach beinahe sechshundert Buchseiten benötigte ich zwar keine Auszeit aber ein neues Thema, welches mich den Umständen nach auf der letzten Frankfurter Buchmesse wie von selber ansprang.
Also, weg vom Roman und hin zu diesem dokumentarliterarischen Projekt, wobei ich nun meine Freiheiten mit Digital-Kamera und Voice Recorder an verschiedenen Intervieworten genieße – weit entfernt von den acht Quadratmetern meiner Schreibstube.

Zurück zu Ihrer Frage, wie ich denn Ihren Flyer erhielt:

Meine agile Schwester tourt alle zwei Wochen mit ihren Freundinnen durch neue angesagte Lokalitäten oder Szene-Treffs, nicht nur im nahegelegenen Bochum, sondern auch in Essen, wo sie die neusten Infos auch in Form von Printmedien abgreift und damit ihre Umhängetasche füllt.

Tja!

Und darin steckte dann auch Ihr Flyer.

Ich muss Ihnen sagen, die Optik beflügelte mich spontan.

Es gibt sie tatsächlich, diese sehr weit zurückliegenden Kindheitserinnerungen mit meinem Vater, und daher möchte ich mich gerne in Ihr propagiertes Buchvorhaben einbringen.

Doch vorher sollten wir die Speisekarte konsultieren und gleichzeitig fragen, welche heutigen Gerichte darüber hinaus noch angeboten werden.

Aha!

Für mich bitte den Hasen mit Rotkohl und ein großes Bit.

Aha!

Für mich bitte Grünkohl mit Wurst und Speck und ein großes Bit.

Sehen Sie, Unbill hiesigen Wetters zu parieren, endete ganz simpel mit meiner Übersiedlung ins Ruhrgebiet. Nicht schlecht, da gab's kaum Schnee und der Nebel geriet ebenfalls in Vergessenheit.

Für mich hängen daran sehr eklatante Erinnerungen, während ich zu Beginn meines Studiums zwei Semester lang hier im nahen Münster-Mauritz wohnte. Die langen

Busfahrten sowohl stadteinwärts als auch stadtauswärts störten mich nicht. Im geheizten Bus konnte ich ein Nickerchen machen. An der Endstation erlosch der Motor, ich wurde wieder wach und machte dann beim Aussteigen voll den Adler, denn Eisregen war niedergegangen, einmalig, so etwas habe ich später nie wieder erlebt. Nächstens stand ich im dichten Nebel.

Derart dicht, dass ich mich am Bordstein und an vormals eingeprägten abgestellten Automobilen zum Haus meines möblierten Zimmers vorantastete.

Einige Tage weiter schon wieder Nebel, ausgerechnet am Freitagabend vor der Rückfahrt ins Ruhrgebiet in einem ruppigen NSU-PRINZ eines Kommilitonen aus Bochum, der fast jeden Satz mit "Bo ey" oder "Ja nu" oder "Mainze" oder "Mann ey" startete.

So dachte ich auch, während ich noch einmal in mein möbliertes Zimmer zurückkehrte, um eine Taschenlampe zu holen. In diesen Momenten vergaß ein weiterer mitfahrender Kommilitone, seinen Minikoffer an Bord zu bringen.

Der stand tatsächlich noch am folgenden Montag an Ort und Stelle, noch immer umwabert von Nebelschwaden. Mit der Taschenlampe beleuchteten wir sodann auf der Autobahn die blauen Verkehrsschilder, weil laut Tachostand endlich die ersehnte heimatliche Abfahrt kommen sollte.

Schon klar, in den vergangenen dreißig Jahren hat nicht nur meteorologisch ein Klimawandel stattgefunden, nein, das betrifft auch andere Befindlichkeiten im heutigen Zusammenleben der Menschen!

Ich will nicht vom Thema abkommen, aber vermutlich

trägt auch für mich eine neu erfahrene Sichtweise der Dinge dazu bei, hervorgerufen durch meinen beruflichen Wechsel ins Ruhrgebiet.

Zwar gab es in meiner Erinnerung ein "Gerade-Heraus" sowie einen Handschlag zur Besiegelung eines Gespräches unter Männern auch vormals wie bei uns zuhause, aber im Ruhrgebiet ging es noch knapper ab: Auf Augenhöhe, im Maßstab 1:1.

Warum?

Dazu fand ich meine Erklärung, die der harten Arbeit vor Ort oder in den Schmiedehütten beiwohnte. Kurz und knapp ist die Ansage, ebenso präzise die Ausführung. Nur so konnte man Hand in Hand unter schwersten Bedingungen ohne schmerzliche Verluste erfolgreich agieren.

Heutzutage konstatiere ich eher eine sich verbreitende Selbstbezogenheit, die selbstverständlich auch mit der wirtschaftlichen Lage zu tun hat.

- Woran ich augenblicklich denken muss?

An meine Entwürfe zur "Biographisch narrativen Gesprächsführung."

Da erinnere ich mich spontan an die erwähnten Gesprächsregeln, insbesondere daran, eigene persönliche Anknüpfungspunkte zurückzustellen. Das mache ich jetzt und, bevor eine geistige Verdauungsmüdigkeit Oberhand gewinnt nach diesem opulenten Grünkohl an Wurst und Speck, mache ich Front für einen starken Kaffee, denn nach diesem gemeinsamen biographischen Anriss, möchte ich gerne zum Kern unseres Treffens kommen. Klappe daher demonstrativ meinen Notizblock auf, grinse dabei und fahre voll ab auf meinem erarbeiteten Gedankengerüst in Richtung "Anknüpfendes Nachfragen", also:

Sie haben soeben erwähnt, dass sich für Sie nach Umsiedlung ins Ruhrgebiet gewisse Erfahrungen und Sichtweisen gefestigt haben. Davon unberührt bleibt aber Ihre Lebenssituation weit davor, also Ihre fokussierten Kindheitserinnerungen betreffend, insbesondere Ihr persönliches Empfinden im Hinblick auf den kleinen und den großen Mann in einer weit zurückliegenden Lebenssituation.

Richtig!
Kommen wir wieder zurück auf unser oben erwähntes Pastorenhaus.
Wohlgemerkt, an meinem sechsten Geburtstag, machten mein Vater und ich uns von dort auf den Weg zu einem nahegelegenen Gehöft. Als Geburtstagsüberraschung standen Gänseeier für mich zur Abholung bereit, auf Stroh gebettet und in einem kleinen Weidenkörbchen liegend. Unterwegs verdüsterte sich der Himmel, Donner rollte, wuchtige Windböen warfen mich beinahe um und ich suchte Halt an der Hand meines Vaters.
Da lagen sie nun im Körbchen, vier längliche Rieseneier, während über uns ein gewaltiges Gewitter niederging und im großen Bauernhaus ob seiner naturnahen Bauweise besonders drastisch zur Geltung kam. Draußen verkürzten Blitz und Donner ihre Abstände und beim nächsten Blitz mit einem gleichzeitigen Knall hielt ich mir beide Ohren zu, wobei ich das Weidenkörbchen fallen ließ. Zwar ging nur ein Ei zu Bruch, jedoch kamen mir die Tränen. Ich wurde von meinem Vater getröstet, er platzierte mich auf seinem Oberschenkel, während ich aus dieser Position

66

dem Haushund zusah, wie er genüsslich das glibberige, zerlaufene Ei im Körbchen mit seiner extrem langen Zunge schleckte und meine bitteren Verlusttränen von Lachtränen abgelöst wurden.

Auf unserem Nachhauseweg hatten wir die Sonne im Rücken und die abziehende dunkle Wetterfront vor uns, aus welcher in schillernder Farbenpracht ein Regenbogen wuchs, Himmel und Erde verbindend. Sinngemäß erklärte mein Vater mir den Beginn der Schöpfungsgeschichte der Erde, wobei Gott am ersten Tag das Licht erschuf. Nach verrichteter Arbeit nahm er einen kräftigen Schluck Wein, der aber sauer war. Er spuckte ihn im hohen Bogen wieder aus und in flirrenden Sonnenstrahlen brach sich der Wein im Format eines bunten Regenbogens. Darauf rutschte Gott, begleitet von Blitz und Donner auf die Erde nieder zur ersten angesagten allgemeinen Inspektion.

Ich schaute bewundernd zu ihm auf. Quasi schöpfungsgleich – oh ja!
Und von derartig schlauen Dingen möchte ich selber später auch erzählen können…
Dann, wenn ich ganz groß bin.
Groß wie mein Vater, der mit weit ausgebreiteten Armen vor der Schar seiner Schäfchen steht, die er alle im Griff zu haben scheint.
Seine Geschichte war starker Tobak für mich und weckte meine Neugier und meinen Wissensdurst. Leider verblasste dieser ergreifende erste Augenblick in den nachfolgenden Jahren, denn da griff die harte Realität von Chemie und Physik bei der Durchleuchtung der Welt, also inhaltlich anders geartet sowie konträr zu meiner kindlichen Erfahrung. In meiner Erinnerung sehe ich darin

eine Aufbruchstelle, die möglicherweise nicht im Sinne meines Vaters war.

Haben Sie sich darüber einmal ausgesprochen, denn ist es nicht oft der Wunsch des Vaters, dass sein Sohn ihn beruflich beerbt?

Das war nicht unser Thema, nein!
Mein Vater und gleichermaßen meine Mutter haben früh meinen naturwissenschaftlichen Wissensdurst verspürt und erkannt, in welche Richtung ich mich bewege – und mich damit vom elterlichen Pastorenhaus hinfort bewege.

Apropos Bewegung!
Beim Blick nach draußen sehe ich, dass sich das Wetter offensichtlich noch weiter verschlechtert hat. Ich erkenne jetzt Regenschauer, welche zunehmend mit Windböen einherkommen, was mich jedoch nicht stört, denn ich fahre gleich geschwind mit Rückenwind zurück zum elterlichen Wohnhaus.

Tja!
Dann bedanke ich mich für das ausführliche Gespräch und starte ebenfalls meinen etwas längeren Rückweg ins Ruhrgebiet, in die Mitte von WIR. Später, bei meiner Buchlesung, zu der ich rechtzeitig einlade, ist es dann für Sie nur ein Katzensprung von Bochum-Stiepel nach Essen. In diesem Sinne:
Auf Widersehen!

Auf Wiedersehen!

Polierter Platzteller vorne rechts:
Achtung!
Ich bin Elite!
Ich bin größer als jeder gängige Teller, ich bin flach und diene dazu, die Tischdecke vor Verunreinigungen zu bewahren, ich gelte als die feinere, elegantere Variante eines popeligen Platzsets, das nur aus einem simplen quadratischen wie saugfähigem Stück Stoff besteht – Grrr!!! Igitt!!!
Ich diene daher der Repräsentation und der dekorativen Verfeinerung der Menütafel und befinde mich, hoch angesiedelt, im Ensemble exquisiten Essgeschirrs wie Bombilla, Caquelon, Goldener Löffel, Hashioki, Kranenkanne, Messerbänkchen, Saliera und Teepuppe – und ich degoutiere Wegwerfgeschirr wie Pommesgabeln oder abseitiges Prekariat wie Plastik Kaffeelöffel, Thermobecher, Thermobecher EPS ab 0,2l aufsteigend

Thermobecher, automatengängig, Trinkbecher "Economy", Teller aus Pappe, rund, Schalen aus Pappe, oval, Stumpenkerzen in 90 mm bordeaux, Aschenbecher, Alu eckig oder Aschenbecher, Pappe alukaschiert eckig zum Aktionspreis von 80,33 EUR incl. MwSt. im Karton à 10 x 100 Stück lt. aktueller Bestell-Liste.

Polierter Platzteller vorne links:
Selbstverständlich heiße ich, aus der Mitte kommend, die geistigen Getränke der beiden beinahe kahlköpfigen Quasselköppe auf dem Tischholz willkommen. Ich sage: "Zackig! Zackig! Hoch die Gläser! Und ex!"

Polierter Platzteller mittig, mit feinem Haarriss:
"Zu Tisch, zu Tisch, zu Tisch...Ob nun ein runder Tisch als symbolische Sitzordnung einer Konferenz zur Bewältigung von Krisen gemeint ist, oder gar ein grüner Tisch zur gewaltigen Entscheidung, ein langer Tisch, Tisch und Bett getrennt, Tisch 7, Billardtisch, Brosamen von des Herrn Tisch, Tischfußball, Tischleindeckdich, Tischdeckenzwinge, TTC Frickenhausen, Tabledance oder Nachttisch vor Nachtgeschirr...Derweil Nicodemus von der Trüelmatt uns alle grüßen lässt, Goldglimmer aus seinem Spaceloop No.7 streut und auf seinen Lippen Bob Dylan balanciert mit: "Baby Blue It's All Over Now!"

18. 12. 2009
Interview in Herten.
In der Bibliothek des Glashauses der Stadt Herten.

Meine sehr vertrauliche Notiz sowie mein Gespräch mit Heinzi:

Bin auf dem Weg nach Herten zu meinem letzten avisierten Interview in diesem Jahr 2009 und treffe durch Zufall im Bahnhofsbuchhandel auf Heinzi. Auf Heinzi, meinem Kumpel aus alten Zeiten sowie Mitbegründer des im Jahre 1982 gegründeten Deutschen Doppelkopf Verbandes, abgekürzt DDV.

Gehe derweil mein persönliches "Bergfest" an. Gewillt, mittig in meinem Buchprojekt großer und kleiner Mann, mein Bestes zu geben.

Alldieweil das Wort "Bergfest" mir in diesem Herbst 2009 bei einem Event für praktische Planung von RUHR.2010 zum ersten Mal begegnete, nämlich einmalig abgelauscht bei einem öffentlich-rechtlichen Interview mit Planungsmeister Pleitgen, Vorsitzender der Geschäftsführung RUHR.2010 GmbH.

Und zwar während einer Stellprobe von Bierzeltgarnituren, welche das projektierte wie hochgejubelte "Still-Leben Ruhrschnellweg" am 19. Juli 2010 auf einer ca. 60 km langen Strecke zwischen

71

Duisburg und Dortmund ausstaffieren sollen, um damit die Stress-Aorta des Ruhrgebiets tagsüber zu befüllen, eine gewagte Aktivität mit einem ungewissen Ausgang!

Dazu begleitet von Planungsmeister Pleitgens "Bergfest"- Wortkreation, brilliert im dritten Buch meiner großen Ruhrgebiets-Chronografie mit dem Titel "PINKA RUHR-WURM" ab Seite 61 mit einer vorgeschalteten Illustration zweier schmutzüberzogener Kinder der nachfolgende Textauszug:

> „Woanders geht die Sonne auf, doch hier im Ruhrgebiet sind es gelbe Fesselballons, die als "Schachtzeichen" Aufmerksamkeit der Zechenstandorte markieren, derweil die Aorta, die A 40, die älteste Hauptverkehrsader des Ruhrgebiets gesperrt wird und, BIGGI dieser projektierte Bandwurm von 60 Kilometern Länge zwischen Duisburg und Dortmund wurde schon außerhalb Deutschlands als sprachlich degeneriertes "Ruhr-Still-Leben" bespöttelt und bekrittelt. Gestern lobte schon eine Radiosendung des West-Deutschen Rundfunks den morgigen Tag als "Bergfest" aus.

Also wirklich!
Wo täglich 100.000 Fahrzeuge ihren Umweltschmutz hinterlassen, den ich nun wirklich nicht weiter definieren möchte, also, in dieser Umweltkloake stellt man 20.000 Biertischgarnituren auf, um dort unbequem zu sitzen und Nahrung aufzunehmen... Naaahrung... wohlgemerkt!
Die Menschen da draußen nähren sich an der längsten Tafel der Welt
Sauerei hoch drei!
Die Fraktion der Grünen würde ihre Haus-Schweine vermutlich in die Toskana verbringen, derweil in diesem Ambiente türkisches Lahmacun, westfälische Currywurst und eine russische Borschtsch gleich Scheiße hoch drei schmecken.

BIGGI, du hörst, wie sehr ich mich wegen dieser Nahrungsaufnahme im Dreck echauffiere und ich finde es dabei sehr vernünftig, dass ihr keine kostenpflichtige Tischreservierung vorgenommen habt. Und deswegen können unsere beiden Minis, bestens verpackt in Ganzkörper-Kondome, mit ihren Kettcars anrollen und sich dabei derart einferkeln, dass es zum Himmel stinkt. Tja!

Und dann wird den Kindern anschließend erklärt, dass das Betreten des Ruhrschnellwegs normalerweise lebensgefährlich ist.

Verkehrte Welt!

Mal abgesehen davon: Wie sollen die Menschenmengen morgen anreisen? Per Pedes? Bahn- und Schienennetze sprengen? Via Sternfahrt anreisen in Bussen? Irgendwie einfliegen? Oder gehen gerade Campmobile und Wohnwagen-Gespanne unkontrolliert in Stellung? Werden schon Zelte auf den wenigen Grünflächen an den Auffahrten aufgeschlagen? Campieren dort bereits Rechtsradikale und das Jungvolk der Wölflinge in ehemaligen Wehrmachtszelten? Infiltrieren Linksautonome bereits die Szene? Bekommt jeder Schlapphut zur Tarnung einen Maulwurf auf frischer Streu im transportablen Plastikkäfig als Begleiter mit auf den Weg? Und hat jemand eine Vorstellung davon, was erwartete 1,5 Millionen Menschen bei und nach Gesang, Tanz, Musik, Kabarett, Theater, Lesungen, Hochzeitsfeiern, Kindergeburtstagen, Vereinsausflügen und Unternehmensfeiern noch so treiben?"

„Ganz aimfach, JONA!
Die kakken alle hintade Betonfeilas!"

„Oh!

Aber dann:

Einmal abgesehen von Hütchenspielern, Haschverkäufern, Markenpiraten, Beutelschneidern, Bettlern, Besoffenen, katholischen Pfadfindern, Behinderten, Freigängern, Punkern, Rockern und türkischen Ravern...

Einmal abgesehen von mitgeführten Bassets, Dackeln, Kampfhunden, Mopsen, Schoßhunden, Windhunden, Weimaranern oder zahmen Zimmerratten, Meerschweinchen, Minischweinen, Streifenhörnchen oder Frettchen und...

Einmal abgesehen von elitären einzelnen Reitern und organisierten Pferdegruppen, abgesehen von Kindern und Jugendlichen mit ihren heiß geliebten Ponys, die durch Spenden geretteter und vormals verletzter und kranker Lasttiere aus Schutz- und Pflegestationen stammen und deren Schicksal sich endlich zum Guten wendet dank effizienter Lasttierprojekte – darüber hinaus noch bildhübsche Fohlen, Hengstanwärter, Prämienhengste oder gar Wallache die Szene beleben, abgerundet von einer röhrenden, bockelnden, schnaubenden und köttelnden Fraktion der Esel sowie Maulesel?

Einmal abgesehen, was noch alles die vielen anderen Menschen da draußen aus 170 Nationen an Kulinaria zum internationalen Picknick mitbringen werden:
Etwa lebende Ziegen oder Lämmer oder Hühner, die vor Ort geschlachtet werden, um sogleich in Töpfen auf offenem Feuer oder auf dem Grill zubereitet zu werden?!

75

Diese einzigartige soziale Skulptur im urbanen Raum, Chaos für einen einzigen Tag beinhaltend, angesagte Nachhaltigkeit, Modellhaftigkeit für Europa und die Verknüpfung der Region beinhaltend, das ist doch nur ein bauchpinselnder und schön gefärbter Wabbelpudding-Werbetext von Eierköpfen", echauffiert sich JONA weiter.

„Suuupi, Eierköppe", kräht klein JESSIKA.<

Diese vorweggenommene Übung einer abgezirkelten Stellprobe, einer Übung mit ausgesuchten Akteuren und deren sexy Stabilbaukasten-Spielzeug, ging ab wie Zäpfchen, und aus der Zitier-Bar meiner Pressemappe quillt:
"Die Kulturhauptstadt ist ein Geschenk des Himmels für die Metropole Ruhr", so Dr. J.R., Ministerpräsident NRW am 13.05.2009 — am dreizehnten Maientag seiner Erleuchtung!

Hektik und Gewusel auf dem riesigen Parkplatz neben einem Kleinflughafen auf der Grenze von Essen/Mülheim gelegen, einem Parkplatz mit Exklusivcharakter, da konzipiert für Events oder Messen in Essen im Sinne von "Park & Ride", jedoch basierend auf einem unterirdischen Gasspeicher, welcher bis dato nichts von seiner geschürten Brisanz eingebüßt hat.

Hier und jetzt geht es im lokalen Ruhrgebiets-Nahverkehrszug weiter, es geht weiter zusammen mit Heinzi.
Heinzi ist auf dem Weg zu seiner Tante, um dort den künstlichen Weihnachtsbaum im Wohnzimmer wie viele

Jahre vormals zu installieren und um das Futterhäuschen
auf der Balkonbrüstung anzubringen, während er mit einer
Bemerkung die Lage der Dinge aufrollt:
In Herten gibt's die schönsten Gärten.

Klaro, Heinzi.
Nur die Haaten gehn im Gaaten.

In Echte!
Hömmuth, kucktich dattma an.
Draußen genauso schneeverschissen wie damals.

Wie damals?

Wie damals, alztatt kalt am wern war.
Un wir ne Autoschau kukken gingen.

Jau, äh!
Da platzte Dir Dein Paaka hinten auf, son
Schnäppchen ausse Metro.
Weisse noch?

Jau, äh!
Scheiße, äh!

Roll mich widda voll ab!
Nachnähn beim Inda wa genauso teua wie datt Ding
selps - egal.
Hauptsache:
Voll waam, nä?

Samma, watt mieft Dein Türkenkoffa so komisch?

77

Futta füre Fögels.

Gutn Hunga.

Aasch.

Mann, ey! Is füre aam Piepmäzze draußen.
Meint meine Tante Matta.

Wie inne richtige tierische Piepschau, wa?

Tut meine Tante so richtich Freude machen.
Wenn die Fögelkes da rumsausen.
Meisen un so dicke Schwazzdrosseln.

Musse abba gut festmachen, sons kipptich
Dein Futterhäusken fonne Brüstunk.

Klar, ey!
Mussich allet richtich ausblanxieren.

Gezz hassen halben Tach zur Fafügunk.

Du auch füret Interview.
Sieh zu datte kukken nich mit a schreibs.
In diesem Sinne, machs gut.

Machs besser.

Dann bis Dienstach.

Dienstach?

78

Döskopp!
Doppelkopp!!
Un Tschüüüs!!!

Jau, äh!
Un Tschüüüs!
Ende meines Gesprächs mit Heinzi.

Am Bahnhof eiern wir beide davon auf dürftig von Schnee geräumten Straßen, ein jeder von uns mit einem klaren Ziel vor Augen.
Heinzi zieht die vorweihnachtliche Besuchsnummer bei seiner Tante ab und ich, also ehrlich gesagt, ich wäre viel lieber zu Hause geblieben, hätte bereits zur Mittagszeit den Kamin angelegt, mich im Ohrensessel eingekuschelt, um Schäfchen zu zählen. Wobei das schwarze Schäfchen unter ihnen bereits als Weihnachtsbraten im Kühlschrank lagert und die Frage, welche Sorte Rotwein am besten dazu passt, könnte ich bei knackenden und züngelnden Funkenbildern eruieren.

        - Aber hallo!
Direkt hinter der nächsten Straßenbiegung erwächst vor mir formatfüllend das Glashaus der Stadt Herten.
Und wo ist der Eingang?
Aha!
Seitlich, säulenflankiert, brilliert Neonlicht.
Giftgrün im Schriftzug gibt sich das "Glashaus" über dem Eingang zu erkennen, also bin ich angekommen.
Wo wartet mein Gesprächspartner?
Natürlich drinnen, immerhin streift gerade mein Blick das

Thermometer einer Wetterstation mit einer Anzeige von minus 1,5 Grad Celsius, grrr! Greife mir im großzügigen Entrée der Stadtbibliothek eine lichte Informationsbroschüre, klemme mir meine Tageszeitung als Erkennungsmerkmal unter den linken Arm und verliere mich sofort in hauseigenen Informationen:

Hut ab!
Hier in Herten handelt es sich um einen gelungenen lichtdurchfluteten Neubau.
Hier im Glashaus hat sogar ein Bistro seinen Sitz. Auf dem Weg dorthin, wo ich meinen Interviewpartner zu treffen gedenke, schweife ich gedanklich ab.

Zugegeben, ich schätze sehr wohl den Service und den Umfang meiner heimatlichen Zentralbibliothek in Essen, doch beim Betreten des Gebäudes geht's gefühlt bergab. Die Anzahl der Stufen werde ich am Sanktnimmerleinstag nachzählen, versprochen!
Vermutlich lässt dieses Herabsteigen in den Musentempel kein vorauseilendes Wohlgefühl in mir aufkommen, denn der Gang über einer langen Treppe nach unten haftet unwidersprechbar etwas Unterweltenartiges an und, einen möglichen Vergleich beiziehend, fällt mir nur "Untertage" ein.
Das Gold des Reviers: ANTHRAX!
Und hier liegt der geistige Schatz: KULTUR!
Jetzt fehlt nur noch der verbindende Kitt in Form aktueller Slogans vom bevorstehenden Kulturhauptstadtjahr RUHR.2010, nämlich:
"Wandel durch Kultur/Kultur durch Wandel"

Oder:

"Jede Vision braucht Menschen, die an sie glauben", und dabei sieht alles aus nach einer gelungenen Synthese, wobei möglicherweise nachfolgende juvenile Bibliotheken-Benutzer an dieses Märchen glauben werden... Erzähl mir Märchen...!

So fällt es mir spontan beim Passieren einer poppig bunten Figurengruppe der Bremer Stadtmusikanten neben einer Säule ein und ich nehme mir vor, dieses schön gestaltete Märchenmotiv, möglichst in einem schrägen Blickwinkel fototechnisch zu erfassen.

Müsste optisch gut wirken, vormerken für später!

Doch vorab muss ich noch loswerden, warum 1999 die Eröffnung der Zentralbibliothek Essen ausgerechnet in den umgebauten Räumlichkeiten des ehemaligen Gildehofbades stattfand.

Ich zitiere:

>Das Gildehofbad ist ein Bad ohne Boden.<

(War tatsächlich undicht!)

>Das Gildehofbad war ein Pleitebad erster Klasse.<

Oder:

>Wenn Bäder baden gehen.<

Ende meiner ausführlichen Notiz.

Im Bistro die einzige Bedienung, die mich auffällig mustert und mir spontan mitteilt:

„Sie, also Sie mit der Zeitung unterm Arm, Sie werden von einem bärtigen Herrn am Tischchen hinten vor dem Fenster erwartet!"

„Sehr aufmerksam, danke!

Zum Aufwärmen bringen Sie uns doch bitte gleich zwei Tassen Tee mit Zitrone an den Tisch."

81

Guten Morgen!
Ich bin der Essener mit dem großen und dem kleinen Mann im Gepäck.

Guten Morgen!
Die beiden liegen hier schon vor mir auf dem Tisch. Schöne Grafik, selbst entworfen?

-   Aha!
Der erste morgendliche mentale Schnellschuss, aber dennoch: Imma lanxam mitti Paula! Ich antworte bewusst provozierend mit "Jein" und produziere gemäß meiner verinnerlichten Gesprächsregeln nach Doktor K. et al. erst einmal eine Pause. Mein geschätztes halbhundertjähriges Gegenüber, dem die Matte nach vorn als Bart abstürzte, optisch geteilt durch eine John-Lennon-Brille und gewandet in Wollanzug mit Rolli, legt flink wie ein Wiesel nach, ohne meine Antwort abzuwarten, geschweige denn mein "Jein" zu degoutieren:

Tolle Grafik, hätte auch von mir sein können, transportiert den Inhalt im Maßstab 1 zu 1.

Dann stehen wir inhaltlich auf Augenhöhe. Also, das gezeigte Bild auf meinem Flyer fand ich ursprünglich in einer Deutschen Wochenendzeitung. Mein Mentor für kreatives Schreiben und literarische Poetikkonzepte und ich haben die Quelle recherchiert, vor Ort fotografiert und sodann das Bild für das Buchcover dieses Buchprojektes digital bearbeitet und entsprechend gestaltet. Im Anhang ist ein eigenes Kapitel mit Informationen zur Abbildung des Buch-Covers hinzugefügt.

An dieser Stelle möchte ich vorab bemerken:

Ein Bild erfassen wir auf einen Blick, wenn wir die Augen aufschlagen.

Das ist so selbstverständlich, dass wir gar nicht auf die Idee kommen, dass dieser Eindruck das Ergebnis unzähliger mentaler Prozesse ist. Allerdings gibt es seit längerer Zeit unter dem Ausdruck "Gestaltungsprinzipien" mannigfaltige Gesetze, von denen wir für unser Buchcover-Projekt folgende fünf als besonders wichtig erachteten:

• Gesetz der räumlichen Nähe: Benachbarte Elemente werden mit einbezogen.

• Gesetz der Ähnlichkeit: Gleiche Elemente werden gebündelt.

• Gesetz vom abgeschlossenen Umriss: Umgebende Gestalten werden möglichst eingebunden.

• Gesetz der guten Fortsetzung: Der einfachste Verlauf der Linien wird angenommen.

• Gesetz des Zusammenhangs: Grafisch miteinander verbundene Elemente werden als zusammengehörig empfunden.

Oh!

Ich bin erstaunt, wie sehr Sie sich in die Materie vertieft haben. Als gelernter technischer Zeichner, inzwischen zum Webdesigner mutiert, kann ich dem Gesagten zustimmen. Möchte aber noch eine freche Bemerkung anhängen, nämlich dahingehend, dass eine willentliche

Exploration eines Bildes wesentlich größere Freiheitsgrade aufweist, als zum Beispiel die Tätigkeit bei Auswertungen von Texten.

Mag sein!
Da ich aber vornehmlich Textideen kreiere, überlasse ich gerne die andere Seite den Kritikern und mache mir keinen Kopf um deren Arbeit. Wobei ich, ehrlich gesagt, sehr distanziert die Chose goutiere, wohl wissend, dass kaum einer von ihnen je als Autor eines eigenen Buches fungierte.
Um einen derartigen Spagat hinzubekommen, bedarf es offensichtlich einer besonderen Fähigkeit, wobei mir folgender Satz einfällt:
Der morgendliche Taubenschiss erhellt die tote Maus in ihrer Falle.
Oder:
Die schärfsten Kritiker der Elche waren früher selber welche.
Dazu kann ich dann noch Werner Enkes lakonisches Nuscheln im Film "Zur Sache, Schätzchen" beisteuern, nämlich: „Es wird böse enden…"

Oh, dieser Film ist Ihnen auch ein Begriff?!

Allerdings, denn einerseits gehörte der 1968 uraufgeführte Film zu den kommerziellen Erfolgen des "Jungen Deutschen Films" und andererseits war er einer der ersten, der sich mit dem Lebensgefühl junger Menschen am Vorabend der 68er-Unruhen auseinandersetzte.

Stimmt!

Und besonders brisant war sein alternatives Ende, denn laut Drehbuch sollte der Filmheld, ähnlich wie Belmondo in "Außer Atem" von einem Polizisten erschossen werden, doch als kurz nach Beginn der Dreharbeiten Benno Ohnesorg im Juni 1967 von einem Polizeibeamten erschossen wurde, änderte man den Schluss des Films, weil die Filmemacher "nicht die Realität abbilden wollten".

Stellen Sie sich vor, ich war damals in Berlin und machte ein dreimonatiges Praktikum in einem großen Architektenbüro.

Beim Gedanken an diese brisante und bewegte Zeit, stellen sich immer noch meine Nackenhaare auf und ich bekomme Gänsehaut.

Übrigens, dieses Gänsehautgefühl ist Teil meiner Erinnerung, also:

Als kleiner Mann liebte ich ganz besonders ein besonders großes Buch von Wilhelm Busch.

Die genaue Bezeichnung habe ich noch heute parat:

"Prachtwerk für Alle. Perlen Deutschen Humors. Gesammelte Dichtungen mit etwa vierhundert Originalbildern von Wilhelm Busch".

Lesen konnte ich noch nicht, doch die Zeichnungen nahmen mich mit auf phantastische Reisen. Den Höhepunkt bildete das Vorlesen, meisterhaft getätigt von meinem Vater mit seiner sonoren Stimme. Dabei las er langsam, wohl akzentuiert und, verharrend in einer seiner kleinen Kunstpausen, dröhnte es sodann wie ein Blitz aus heiterem Himmel:

„Rums, da geht die Pfeife los, mit Getöse schrecklich groß!"

Genau dieser Moment ist meinem Gänsehautgefühl

Zuzuordnen. Und beim nachfolgenden "Schneider, meck, meck, meck!", meckerten wir gemeinsam drauflos, bis mir Lachtränen von den Wangen rollten – Ende der Vorstellung.

Das besondere Buch kam zur Verwahrung in den Bücherschrank im Arbeitszimmer meines Vaters. Wir machten uns dann gemeinsam auf den Weg, Hand in Hand, wobei ich das große Buch unterm Arm trug. Vom Wohnzimmer aus ging es über einen langen schummerigen Flur bis zur Tür des Arbeitszimmers, welches immer verschlossen war. Mein Vater rasselte mit seinem Schlüsselbund, und sogar der Bücherschrank musste aufgeschlossen werden.

In meiner Sichthöhe stellte mein Vater das Buch in den Schrank, in unmittelbarer Nachbarschaft einer Tabaksdose mit einem angrenzenden Pfeifenständer, bestückt mit mehreren Pfeifen in diversen Holzmaserungen und, ein jedes Mal malte ich mir anschließend in meiner Phantasie aus, wie eine dieser Pfeifen mit Getöse explodiert. Wäre doch wirklich schade um das schöne Buch!

Natürlich habe ich dieses Szenario sehr wohl bei mir behalten – bis zur nächsten Gänsehaut.

In gewisser Weise sind auch mir eher Bildergeschichten aus Wilhelm Buschs Lebenswerkstatt in wacher Erinnerung; eher noch als Inhalte der Grimmschen Märchen mit ihrer schlichten spannenden, moralisierenden wie identifikatorischen Prosa.

Vermutlich sind die Grimmschen Märchen eine besondere Schule des Herzens. Sie lehren uns Erschütterbarkeit und bereiten uns vor auf den Ritt in die Dornenhecken des Lebens.

Na ja!
Eine etwas verbindlichere soziale Komponente zeigt sich im Märchen der Bremer Stadtmusikanten. Haben Sie übrigens dieses Figurenensemble in der ersten Etage gesehen?

Ja, habe ich. Dort möchte ich gleich noch einige Aufnahmen machen.
Vorerst meinen Dank für unser etwas längeres Gespräch.

Gern geschehen!
Auf Wiedersehen!

Auf Wiedersehen!

Esel:
Hallo, ihr da oben!

Ihr da oben auf meinem breiten, gebrechlichen Rücken. Habt ihr den Oberspinner mit seinem silbrigen Fotoapparat gesehen, wie er salvierte, mit seinem Fotoapparat lumineszierte, changierte, hyperventilierte und zwischen steilster Hoch- und tiefster Subkultur derangierte?

Ich habe seinen Stress-Schweiß in vorderster Front in meine Nüstern bekommen und, um biologischen Zumutungen zu entkommen, liebäugelte er mit Transzendenz u. ä. Scherzen, doch ich durchschaute ihn sofort. Um an ein bisschen Wehmut, hellen Mut, Lust oder Philosophie heranzukommen, nahm er den Textfraß von RUHR.2010 in Kauf. Er litt viel, wollte aber im Spiegel keine Leidensmiene erblicken. Gern hätte seine Schokoladenseite sanfte Melancholie ausgestrahlt als edler Hel Mundo, aber es reichte nur zur Grimasse. Sollte er dennoch in den Humor fliehen, sind ihm aufgerissene zahnlose Mäuler mit blanken Fress- und Kauleisten gewiss.
Deregulierend nahm er vom Tierschutzverein einen Esel in Pflege, er kritzelte, knipste und hirnierte bei eingekürzten Versorgungsbezügen, nahm mit einem selbst gebastelten Presseausweis an Events, Fressorgien, Happenings, Bustouren, Führungen, Kunstmessen, Fotoausstellungen, Vorträgen, Jahreshauptversammlungen, ja, sogar an einer unfreiwilligen Beisetzung, teil.
Hund:
Hallo, von meinem Ausblick her, vermag ich die Situation weiter zu erleuchten. Als Hyper-Sensitivling befand er Gequatsche an Registrierkassen, Gelaber der Nachbarn,

Stadtlärm allgemein sowie TV-Vögel unisono, als absolut ätzend, und wohnte wiederholt in Einöd-Hotels, Heartbreak-Hotels oder in Waldklausen. Allerdings nur so lange, bis ein Frosteinbruch ihn an seine häuslichen Pflichten erinnerte.

Und was tat er?

Er trat aus des einsamen purpurgewandeten Heldenschattens hervor, klopfte klirrend auf seinen unsichtbar machenden Helm, wurde Allium, wurde zum stinkenden Nichts, wurde zum Wicht – und weg war er.

Katze:

Und war wieder da!

Landete lautlos auf allen Vieren gleichzeitig.

Wie ein Sentinel, den ich ebenfalls lautlos begleite, schleichend auf Pfaden vorgelebter Solidarität bis zum Ende eines arbeitsreichen Lebens, an dessen unvermeidlicher Abbruch- oder Absturzkante wir Bauch an Bauch als Teil eines verlängerten Sommers selig schnurrten.

Machen wir uns nichts vor!

Möglicherweise bekommen wir nur ein anonymes Armenbegräbnis außerhalb der Stadtmauern und, wie dem auch sei, hier und jetzt plädiere ich dafür, dass der zuletzt Überlebende unseres Quartetts dafür Sorge trägt, unser Anliegen in Bezug auf eine bessere soziale Qualität im Zusammenleben mit der Bevölkerung, hier und anderswo, aber zumindest auf einer Gedenktafel, zu imaginieren.

Hahn:

Höre ich: ' Imaginieren'!?

Gleich umflattere ich imaginierend deinen Katzenbuckel, picke deine Eiterpusteln, lasse dich weinerlich wie miauend einstimmen beim Singspiel der Kinder gegen die

seelischen Martern, eingemauert im Karmel, allseitig
flankiert von unverständigen Oberinnen, deren
propagierte Destination via Himmelsleiter sich als
banaler Dachdeckersitz, sakrosant freischwebend,
entpuppt.
Compañeros, aufgepasst!
Hört mal gut zu und spitzt eure zippeligen Ohren:
Wir sitzen alle im gleichen Body- and- Soul-Absturzboot,
angesagt in ungeiler Altensprache und uncool in
schreiender Echtzeit.
Ich sitze scheißalt und eiskalt ganz oben, sterbe zuerst –
und falle vielmals tiefer als irgendjemand von euch.
In diesem Bewusstsein sollten wir noch einmal ordentlich
strammstehen, eine gute Figur machen und dabei verklärt
grinsen, auf dass der uns fotografierende Zyklenschöpfer,
Symbolist, Rabulist, Mehrwortlexem-Liebhaber sowie
Knüllwald-Idylliker, uns bekannt als Local Hero, alias Hel
Mundo, samt und sonders seine abgefahrenen ultimativen
Pixel aus der untersten Schublade seiner digitalen
Spiegelreflexkamera zündet, um uns als
sterbenslangweilige Feldstudie in ein finales Blitzgewitter
zu tauchen, wobei ich posiere wie ein galanter geiler Pfau,
hernach abstürzend wie eine einsam verglühende
Schnuppe!

17. 01. 2010
**Interview im Café Endstation im Kultur-Bahnhof
Bochum-Langendreer im Anschluss an den dortigen
Neujahresempfang.**

Notiz:

Anfahrt nach Bochum bei Schmuddelwetter, Tauwetter, Sauwetter.

Die vergangenen zwei Wochen mit Schneefall und knackigen Minustemperaturen haben auf den Gehsteigen und Straßen ihre Spuren hinterlassen.

Dreck vom Granulat, wackelnde Gehsteigplatten, aufgeworfene Asphalthügel und dicke Löcher im Straßenbelag mahnen zum vorsichtigen Fahren.

Bei langsamer Annäherung an den Bahnhof Langendreer in Bochum lasse ich gemütlich seine Historie passieren: Bedingt durch das Zechensterben ging in den 1950er Jahren das Verkehrsaufkommen im Güterverkehr drastisch zurück. Aufbauend bestimmte dann die Ansiedlung der Opel-Werke in Bochum ab 1962 das Bahngeschehen, wobei Güterzüge sowohl den Versand von Halbfertigwaren als auch die Expedition fabrikneuer Autos auf diesem Schienenweg transportierte.

Andere Logistikwege legten diesen Schienenstrang trocken und 1985 rettete eine Initiative das prachtvolle Jugendstilgebäude in Form eines Bahnhofempfangsgebäudes vor seinem Abriss, es wurde unter Denkmalsschutz gestellt, aufwändig renoviert und 1986 als Kulturzentrum Bahnhof Langendreer (Kulturbahnhof) neu eröffnet.

Ich nähere mich nunmehr auf dem rutschigen Weg per pedes dem Foyer Café Endstation mit dem dahinter liegenden Filmsaal für ungewöhnliche Lichtspiel-Erlebnisse.

Am Eingang werde ich gleich gestoppt, da ich aus Neugier und Interesse zuerst die in großer Anzahl herumliegenden

Veranstaltungsbroschüren, Werbepostkarten und Flyer durchforste. Mit einem Stapel in der linken und einem Becher Kaffee in der rechten Hand, steuere ich zielgenau das mir beschriebene zweisitzige bequeme Ledersofa an der Stirnwand des Raumes an, direkt neben dem Piano. Entdecke meinen Flyer auf dem Sofa, der mir sozusagen den Platz neben einem Mann mittleren Alters freihält, tief eingewickelt in einen Wollmantel und der ebenfalls seinen Kaffee in einem gleichgearteten Becher schaukelt.
Notizende.

Hallo!
Wenn Sie aus Essen kommen, sind Sie hier richtig.

Hallo!
Stimmt – und diese Idee mit dem Platz freihalten vermittels eines Flyers, finde ich gut organisiert.

Eigentlich trauen sich die wenigsten Gäste, hier vorne Platz zu nehmen, denn da steht gleich der Mann für die heutige Ansprache mit seinem zusammenfassenden Bericht darüber, was sich im Jahre 2009 in Bochum sozial bewegt hat.
Immer die gleiche Langweilnummer, meinte meine Freundin und es deswegen ablehnte, mich zu begleiten. Also habe ich die heutige Veranstaltung quasi als Männertreff organisiert und darauf spechtend, dass das heutige Buffet tatsächlich die Hausmannskost sprengt und sich dabei sehr abwechslungsreich präsentiert.

Aha!
Die Frauen.

Übrigens, haben Sie unter dem gleichnamigen Titel das neueste Buch von T.C. Boyle gelesen?

Nur kurz angelesen bei Herrn Ruhrbuch in seiner gleichnamigen Buchhandlung und wieder schnell bei Seite gelegt. Erschien mir langweilig. Dagegen brillieren seine früheren Highlights wie "Greasy Lake" oder "Talk, Talk", wobei im schrägen Drive die Stories so richtig rocken.

Klare Ansage!
Sie lesen viel und lieben Wortklaubereien, privat oder beruflich?

Feine Spürnase!
Bin mit Wort und Bild den Aktivitäten des Kultur Bahnhofs Bochum-Langendreer bereits seit seiner Gründung verbunden, und Sie erkennen ja an den reichlich vorhandenen informativen Druckerzeugnissen, welches Sie schon gesichtet und eingesammelt haben, dass unsere Aktivitäten geballt einherkommen. Dazwischen tauchte auch Ihr Flyer auf und sprach mich an.

Tja!
Kurze Story, kurze Wege Mittelfeld, wie abgeleitet aus den Fußballregeln.

Da sind wir nun mit Blick auf ein gut gefülltes Foyer und mit Blick auf ein reichhaltiges Buffet. Also, was wollen wir mehr?

Hoch die Tassen, auch wenn's nur Kaffee ist!

93

Tatsächlich, die Ansprache zieht sich ja wirklich hin wie Gummi. Also, noch eine weitere Tasse Kaffee!

Nach dem Sturm auf's Buffet stellt sich eine allgemeine Fress-Stille ein und ich schlage auffordernd mein Notizbuch auf und schnacke mechanisch mit der Kulimine:
Schnack und schnack, klick und klack, schnick und schnack.

Ich verstehe, kommentiert mein Sofanachbar und schält sich derweil aus seinem Mantel, denn offensichtlich ist eine längere Sitzung angesagt.

Ja nu...
Wo anfangen?
Eigentlich ganz, ganz weit hinten.
Denn Erinnerungen, gerade die aus früher Kindheit, bestehen ja aus wenigen, allerdings sehr signifikanten Stimmungsbildern, wenn nicht sogar aus einem einzigen Stimmungsbild, wie ich es vormals erinnere:
Was mein Alter oder die Jahreszeit anbelangt, dazu kann ich nicht viel sagen. Ich war auf jeden Fall ein Vorschulkind, vielleicht drei, vielleicht vier Jahre alt. Ich stand im elterlichen Schlafzimmer. Blickte in den Spiegel, in dem sich meine Mutter zu schminken pflegte, und hinter mir an der Tür stand mein Vater. An alle seine Worte kann ich mich nicht erinnern, bis auf die wenigen entscheidenden:
>Wenn du willst, wenn du unbedingt willst, bringe ich dich auch zu deiner Mutter<

Ich weiß nicht mehr warum, aber eins schien völlig klar zu sein, in diesem Moment unbedingt zu wollen, kam einem Verrat gleich.

Männer mussten zusammenhalten, und das bedeutete für mich, auf unabsehbare Zeit von meiner Mutter getrennt zu sein. Dabei liebte ich sie so sehr, dass jede Minute ohne sie mir einen fetten Kloß in den Hals bescherte und mir einen Felsbrocken auf die Brust legte.

So einen wie am See, von dem aus im Sommer die größeren Jungs ins Wasser sprangen.

Erstaunlich, wie differenziert Sie sehr, sehr weit zurückliegende Befindlichkeiten erinnern. Diese aus vorschulischen Zeiten, offensichtlich aus Zeiten, die einem möglichen Besuch des Kindergartens zuzuordnen sind.

Stimmt!

Doch davon gleich mehr.

Zuvor erinnere ich in diesem Zusammenhang eine Busfahrt und ich bringe diese immer in Verbindung mit meiner fatalen Entscheidung, meinem Vater die Hand gereicht zu haben, um ihm zu signalisieren, dass ich auf gar keinen Fall unbedingt zu meiner Mama wollte.

Möglicherweise fand die Busfahrt auch früher statt. Oder sie fand auch später statt und das Ziel war ein anderes, so genau erinnere ich mich nicht.

Leider wird mir niemand mehr eine genaue Antwort geben können, denn wenn diese Fragen wie rauschende Flügelschläge frei ziehender Vogelschwärme über mich kommen, dann wird mir wiederholt bewusst, dass meine Eltern beide nicht mehr leben. Jene Menschen, die mir

Felsbrocken auf die Brust zaubern und mich gleichfalls von ihnen wieder befreien konnten.

Ganz besonders meine Mutter, an deren Rockzipfel ich so sehr hing, dass sie mich manchmal wie einen lästigen kleinen Hund abzuschütteln versuchte.

Nun ja!

An jenem besagten Tag gab ich meinem Vater die Hand, der mich aus dem Haus, aus der Siedlung und aus der Stadt in eine andere Welt führte, und damit begann für mich eine nicht enden wollende Zeit der Trauer und der Einsamkeit.

Wir wohnten demnach bei meiner Oma und Tante, die sich sehr lieb um mich kümmerten und mir jeden Wunsch zu erfüllen versuchten, bis auf den einen für mich wesentlichen, mich wieder zu meiner Mama zu bringen.

Dieser Trennungsschmerz lastete offensichtlich schwer.

Allerdings!

Um mich positiv zu beschäftigen, organisierten sie sogar einen Kindergartenplatz für mich.

Darüber hinaus, wenn mein Vater mich dort sporadisch abholte und auf unserem gemeinsamen Weg zu seinem Büro mit mir einen Spielzeugladen aufsuchte, wo ich mir eine Kleinigkeit aussuchen durfte, dann tobte ich hernach glücklich und losgelöst auf den Ledersesseln und gleichwohl auf der Ledercouch im Büro, derweil dem Partner meines Vaters das Wort "quicksilbrig" von den Lippen ging.

Dennoch, im Kindergarten war ich ein trauerndes Mauerblümchen vom Spiegel im elterlichen Schlafzimmer durch die sanfte, warme Hand meines Vaters hingeführt an diesen öden Trauerort.

Doch eines Tages geschah das Märchenhafte, als mir die verhasste Kindergärtnerin mitteilte, da seien zwei Männer für mich, die mich mal sprechen wollten. Ich kannte sie nicht, aber einer von ihnen mit einem dicken Schnurrbart kniete sich zu mir nieder und gab mir ein größeres Paket als Geschenk mit den Worten:
>Hier, das schickt dir deine Mutter<
Ich war ganz aufgeregt und fragte nach ihr und hätte wohl auch geweint, wäre ich nicht zu einsam unter den fröhlichen Kindern, die mich sowieso bei jeder Gelegenheit hänselten.
Ich kann mich noch an das Versprechen erinnern, das mir der Bärtige gab:
>Deine Mama kommt dich bald holen. Das verspreche ich dir<
In dem Paket war ein Polizeihubschrauber, mit einem Blaulicht auf dem Dach. Und wenn man ihn anschob, drehte sich der Rotor. Ich wusste, der Fels hatte keine Chance mehr auf meiner Brust.

Das klingt nach einer aufregenden Achterbahn der Gefühle und ich hoffe, die Landung war für alle beteiligten Familienmitglieder einvernehmlich.
Jedenfalls bedanke ich mich für dieses besondere Interview.
Zur Buchlesung werde ich natürlich rechtzeitig einladen, und jetzt habe ich eine spontane Idee:
Ich benötige unbedingt noch mehrere Einladungskarten zu diesem Neujahresempfang für eine Collage.
Auf Wiedersehen in Essen!

Auf Wiedersehen!

Postkarte links außen:
Habt ihr gehört wie vielschichtig die Erinnerungen geschildert wurden?
Postkarte rechts eingekürzt:
Na, klar!
Trennungs- und Ehekrisengeschichten wiegen offensichtlich nachhaltig.
Postkarte nach rechts versetzt:
Ganz besonders bei einem Kleinkind.
Postkarte mittig:
Wisst ihr was?
Ich hatte den Eindruck, dass der Interviewer, der uns hier in einer Collage zusammengeführt hat, uns geschichtet und gespiegelt hat, möglicherweise bei seiner Bildkomposition ähnliche Erinnerungen in sich bewegte und diese bildhaft gestaltete und verarbeitete.
Manche Menschen haben die Gabe, sich bildhaft mitzuteilen, andere reflektieren in Schriftform den eigenen Weg und versuchen, sich zu verstehen, denn wer so zurückblickt, der schreibt sich frei.

*Somit präsentieren wir eine Collage gewichtigen Inhalts
mit Variationen der Signalform – und darauf können wir
stolz sein!*

20. 02. 2010
**Interview in Herdecke im Anlehngewächshaus eines
Landhauses.**
In Herdecke, "Der Stadt zwischen den Ruhrseen".

Notiz:
Gleite gleich auf dem siebten Sonnenstrahl von dannen.
Er weist mir kongenial den Weg zu meinem letzten
formvollendeten Interview.
Nomen est Omen.
Die magische Zahl 7 regiert.
Magisch?
Was sonst!
Denn die Zahl 7, diese kleine Primzahl, ist quer Beet
vertreten in:
Religion
Tradition
Brauchtum
Gesetzgebung
Mystik
Märchen
Literatur
In der Zeitrechnung
Im Formbau der Musik, der Architektur und in der
Geometrie.
Bitte sehr!

Es ist die magische Zahl 7, die in der Kulturgeschichte der Menschheit eine historische sowie symbolische extrem stark aufgeladene Bedeutung hat.

Demnach bevölkern auch 7 Ruhrschmiede die Szenen meines ersten Buches einer großen Ruhrgebiets-Trilogie, wobei in fast allen archaischen Kulturen Schmiede die Beherrscher der Feuerkünste, der Energien und der technischen Basisarbeiten sind. Schmiede sind magisch mystische Figuren, welche verklärt werden zu Zauberern, zu Priestern, sogar zu Magiern in www.dieruhrmagier.de und werden potenziert durch den Ort des Geschehens, denn Essen, als magischer Ur-Ort wurde im ersten Jahrtausend ASNITHI genannt. Galt vormals als Ort der Eschen − und bekanntlich war die Esche bei Kelten und Germanen der Urbaum schlechthin. Noch heute zeigt auf Island eine mittelalterliche Handschrift den Weltenbaum YGGDRASIL.

YGGDRASIL, die Weltenesche, ist ein Sinnbild der Schöpfung als Gesamtes: räumlich, zeitlich und inhaltlich. Er ist der Weltenbaum, weil er im Zentrum der Welt steht und alle Welten miteinander verbindet. Nach der Edda ist YGGDRASIL der Thingplatz der Götter. Hier versammeln sie sich, beraten und halten Gericht.

Gleite also auf dem siebten Sonnenstrahl von dannen, verbunden mit funkelnden Wassertröpfchen ringsherum gleich perlenden Geistesblitzen.

Notizende:

- So!

Jetzt mal schön langsam fahren, denn ich bin angekommen in einem Anliegerwohngebiet mit ausgeschilderter Tempozone 30 und entgehe durch meine unfreiwillig angepasste Fahrweise einem möglichen finalen Blitz aus der Breitoptik eines auffallend unauffällig geparkten Kombis mit leicht von innen beschlagenen Scheiben. Muss ja nun wirklich nicht sein, nicht wahr, nicht?

Von Amts wegen verewigt zu werden, quasi als aberrative Krönung nach fast eintausend abgespulten Kilometern auf automobilen Pisten, obzwar die Radarfallen auf der Autobahn um Köln, um Frankfurt oder um Offenbach herum, weitaus schlechter zu erkennen waren als diese Dumpfbacke hier im gehobenen Wohnquartier

Und zack!

Schon vorbei!

Zweigte da nicht gerade eine Privatstraße nach links ab? Greinender Getriebewechsel und rabiates Rückwärtsfahren in der Einbahnstraße.

101

Geht doch!

Besonders nach dem Umklappen der Nachtsichtblende im Rückspiegel.

Sodann Passieren diverser Parkbuchten der Privatstraße, selten besetzt und wenn doch, dann sind es vermutlich die Kleinwagen dienstbarer Geister.

Nach Sichtkontrolle meines Presseausweises von RUHR.2010 via integrierter Optik einer Sprechanlage, schnurrt das Schloss im schmiedeeisernen Tor. Die gepflasterte Auffahrt führt leicht ansteigend im Bogen um eine immergrüne Strauchgruppe herum und endet in einem Rondell vor einem geduckten Natursteinhaus mit einem auffallend riesigen Anlehngewächshaus direkt daneben.

Nicht schlecht, Herr Specht!

Dennoch halten mich diverse dezent platzierte Überwachungskameras nicht davon ab, auf einer Parkbank stehend, mir das Glashaus via meines motorgetriebenen Zip-Laufwerkes auf mein Speichermedium zu ziehen, wobei mein Vorhaben dadurch erleichtert wird, weil der noch vorherrschende winterliche Nacktstand von Bäumen und Sträuchern nur wenig von der Architektur dieses filigranen wie gleichzeitig majestätisch prachtvollen Gebäudes verbirgt.

Nicht schlecht, Herr Specht!

Bin dennoch irritiert ob eines messingpolierten Namensschildes, vorneweg mit Professor und Doktor, wobei mir der Name vage Erinnerungen an ein Biologiebuch aus Pennälerzeiten ins Gedächtnis ruft. Gleichzeitig rieche ich vorauseilend, noch vor dem Öffnen der massiven Kassettentür aus Buchenkernholz, den stinkenden Odem hechelnder wie seibernder Dobermänner im Duett, dabei locker lässig kontrolliert in

Würgehalsbändern von einem fiesen filmreifen Typ mit Glatze und Stiernacken, dabei gewandet in einen schwarzen Anzug, der bei jeder seiner Bewegungen auseinander zu platzen droht.

Ich schalte auf Serienblitz, gebe das Zip-Laufwerk frei und halte die Optik zentral ausgerichtet in angesagter Höhe wie beim Elfmeterschießen: Mannhaft mittig zentriert.

Entdecke zugleich oberhalb des Namensschildes ein schmiedeeisernes Thermometer und, bevor ich einen Gedanken an dessen ungewöhnlich hohe Positionierung verschwenden kann, muss ich bei angezeigten sieben Grad Celsius an eine gleichwohl temperierte Buttermilch als offene Verbindung zur Unterwelt denken.

Trete dabei von einem Bein aufs andere, wünsche mir eine heiße Tasse Kaffee, imaginiere deren perfektes Kredenzen von einer drallen Hausminna im kurzen Schwarzen mit Schürze und Spitzenhäubchen, während hinter mir plötzlich ein Mops schnieft, schnüffelt und herum wuselt und dann, ist es denn möglich, macht der Mops hops!

Sigurd, sitz!

- Tatsächlich, der silbrige Sigurd mit schwarzer Maske gehorcht seinem Herrn aufs Wort und schaut mich mit seinen schwarzen Kulleraugen derart treuherzig an, dass ich sofort einen Kinderreim nur zur Hälfte andenke, nämlich: 'Ein Mops kam in die Küche und stahl dem Koch ein Ei, da...

Guten Morgen!
Sie haben also den Weg hierhin gefunden. Na ja, wir wohnen eben ein wenig abseits.

Ebenso einen guten Morgen!
Die eigentliche Schwierigkeit war die Enttarnung einer mobilen Radarfalle.

Ja ja!
Alle Jubeljahre wird hier geblitzt, das ist bekannt. Und dennoch bin ich selber, quasi vor der eigenen Haustür dem Radar in die Falle gegangen. Da sagte ich zu mir selbst: "Bleibe glücklich, bleibe froh / wie der Mops im Paletot."

- Erfasse erst jetzt visuell voll und ganz den Hundehalter, muss zu ihm nach oben schauen, zu einer langen Latte von mehr als zwei Metern, was mir schlagartig die seltsam hohe Montage des Außenthermometers erklärt. Ein beiger grob gestrickter Rollkragenpulli, schwarze Lederhose und ein angegrauter Künstlerzopf runden das Outfit.

Gehen wir doch rein!

Für eine ganz entspannte Gesprächsatmosphäre habe ich im Gewächshaus für Kaffee und Fingerfood eindecken lassen.

- Fingerfood, aha, das mag dem Mops wohl auch gefallen, wobei mir als abweichender Spruch nur einfällt: "Ein dreister Mops / will meistens Drops."

Sigurd ist gut erzogen, er bettelt nicht bei Tisch und außerdem ist er geschafft und hat eine Erholungspause nötig, nachdem wir gerade mehrfach das hauseigene Solarzellenfeld am Südabhang umrundet haben.
Sigurd, Fuß!
Sigurd, Körbchen!

- Nur gut, dass ich nicht Sigurd heiße!
Folge nunmehr meinem Interviewpartner in Richtung Gewächshaus durch ein gediegenes Interieur, wobei Natursteine, Holzdecken und zumindest ein Kandinsky verhalten brillieren und ich meine allzu neugierigen Blicke zügele. Kandinskys mathematisch-musikalischer Abstraktion konnte ich schon zu Schulzeiten nicht entkommen und nach seiner Lektüre 'Über das Geistige in der Kunst. Insbesondere in der Malerei', machte ich mich beim Abitur stark für das Prüfungsfach Kunst mit meiner Interpretation seines Bildes mit dem Titel 'Schweres Rot'. Seltsam, nach so vielen Jahren werden hier urplötzlich meine Erinnerungen an arge Dispute des Lehrerkollegiums im lichten Prüfungssaal wieder geweckt. Vermutlich ausgelöst von meiner Bemerkung zum braunen Ungeist, der zur Auflösung des BAUHAUSES führte. Damals, also Mitte der sechziger

Jahre, setzte ja gerade erst einmal eine Verarbeitung der neueren Deutschen Geschichte ein.

Rückblickend sehe ich wieder vor mir die Riege steifer, kerzengerader Männer.

Daneben, in Augenhöhe und vertreten in gleicher Anzahl, junge Männer, die, salopp gekleidet in Sakkos über Rollkragenpullis, knapp zehn Jahre älter als unsere Abiturientia waren und irgendwie den gefühlten Status älterer Brüder verkörpern und, wieder abrupt angekommen im Hier und Jetzt, vernehme ich die Bemerkung:

Wir sind da!

Ich bitte, Platz zu nehmen. Ich habe extra die dicken Polstereinlagen für die Korbgarnituren einlegen lassen, weil gestern die Heizung versagte. Für mich ein Grund, voll zu rotieren, da ich die Anlage selber entworfen und fix und fertig zur Montage freigegeben habe.

Sie planen demnach Heizungsanlagen?

So ist es!

Alternative Heizungsanlagen, um genau zu sein.

Welche alternative Energie sich rechnet, hängt natürlich von der Lage des Objektes ab. Ebenso vom Befinden der ökologischen Einstellung, ebenso wie von der ökonomischen Gegebenheit, zukunftsweisend korrekt zu investieren.

Ich verstehe, eine Frage des Standpunktes!

Ja ja!

Die Bundesregierung will Deutschland von Öl und Erdgas als Heizungsträger unabhängiger machen. Deshalb schreibt das im vergangenen Jahr in Kraft getretene 'Erneuerbare-Energien-Wärmegesetz' (EEWärmeG, 2009) vor, dass neue Eigenheime einen Teil der für Heizung und Warmwasseraufbereitung nötigen Energie aus regenerativen Quellen beziehen müssen.

Vermutlich echauffierte ich mich zeitgleich dahingehend, als ich den Familienbesitz nach zu teilender Erbschaft mitbewohnte und nach Auswertung horrender Energiebilanzen sowie Forderungen hiesiger Energie-Versorgungsunternehmen, befand, dass ein 1-A-Handlungsbedarf angesagt war.

Natürlich hängt es vom jeweiligen Standort des Hauses ab, mit welcher regenerativen Energiequelle man als Eigentümer am besten fährt. So erschienen mir Sonnenkollektoren auf unserem südlich gelegenen Abhang besonders attraktiv und, nach einer Probebohrung am nordwestlich gelegenen Randbereich unseres ausgedehnten Besitzes, zeigte sich lockerer, felsfreier Untergrund, besonders geeignet für das Einbringen einer oder mehrerer Sonden für zusätzliche Nutzung einer Erdwärmeheizung.

Dabei wurden zwei Erdwärmesonden in 80 Meter Tiefe eingebracht. Man macht sich dabei den Umstand zunutze, dass in der Erde ab circa zehn Metern unter der Oberfläche im gesamten Jahr eine Temperatur von 8 bis 10 Grad herrscht. In den Rohren kursiert ein Glykolgemisch, das diese Wärme nach oben transportiert.

Toll, was?

Und als Energieexperte habe ich mir neben zwei offenen Kaminen im Wohngebäude noch eine beheizte

Hausaußenwand direkt hier am Anlehngewächshaus, quasi als Schmankerl, gegönnt.

Hört sich an wie eine abgerundete Komplettsanierung!

War es auch, und ich bin einmal gespannt, wie eklatant sich die Energieersparnis auswirkt. Immerhin fallen im Durchschnitt ca. 75% für direkten Energieverbrauch für Raumwärme und Warmwasser in privaten Haushalten an, interessant, nicht wahr?
So!
Wie steht's jetzt mit einer Zigarre und einem Rundgang durchs Gewächshaus, währenddessen wir uns dem angesprochenen Thema vom großen und vom kleinen Mann langsam aber sicher nähern.

Hört sich gut an!
Ich selber schätze eher kleine Zigarrenformate, genossen vorzugsweise zur Mittagszeit.
Ah!
Small Club Coronas von Ramon Allones – perfekt.
Gehe ich richtig in der Annahme, dass Sie ein Zigarrenexperte sind?!

Ein wenig schon, denke ich.
Sehen Sie, hier im Gewächshaus existierten bereits vormals Studien mit Tabakpflanzungen, wobei mein Vater die Samen aus Kuba importierte, getarnt als biologisches Projekt im Rahmen einer Dissertation an seinem Lehrstuhl, gleichwohl begleitet von einigen undeklarierten Päckchen, gefüllt mit ausgesuchten kubanischen

Zigarrenspezialitäten, die wir sodann gemeinsam nach und nach in Rauch aufgehen ließen.

In Bezug auf die Zigarrenkiste der angebotenen Coronas von Ramon Allones möchte ich noch auf eine kurze Besonderheit hinweisen:

Das auf der Zigarrenkiste abgebildete Wappen zeigt das spanische Königshaus.

Ramon Allones persönlich, der aus dem spanischen Galizien nach Kuba ausgewandert war, verzierte als erster seine Zigarrenkistchen mit derartig farbenfroh bedruckten Etiketten, und seine einzigartig geschaffene Verpackung, die man "8-9-8" nennt, wobei die Zigarren in einer Kiste mit abgerundeten Kanten derart angeordnet sind, dass unten acht liegen, neun in der Mitte und oben wieder acht, ist bis dato unübertroffen und absolut faszinierend.

Faszination ist übrigens das Stichwort meiner besonderen Kindheitserinnerungen!

'Faszination pur' wie 'Faszination Natur pur' wie 'Faszination Mutter Natur' unter diesem Motto verlief meine frühe Kindheit, zuerst als kriechender, sodann als herumtapernder Wicht, versehen mit Schäufelchen, Eimerchen, Linnenhütchen auf dem Kopf und gewandet im Kittelchen namens Juventas oder Juventute, gefolgt von Akne juvenilis (Akne im vorpubertären Kindesalter), gefolgt von Lentigo juvenis (Klassischer Leberfleck bei kindheitssonnenexponierten Stellen) oder übersät von juvenilen Flachwarzen des Papillo-HPV-Typs, natürlich immer unter fachlicher biologischer und medizinischer Begleitung durch meine Eltern, wobei ihre einvernehmliche Sammelleidenschaft extrem ansteckend war.

Pflanzen, Pflanzenteile, Samen und andere Stecklinge

fanden ihr Zuhause in einem solitär stehenden Gewächshaus. Da unbeheizt, zogen alle sprießenden Pflanzen zur Herbstzeit ins Wohnhaus um, mit der Folge, dass wir im Winter alle mitimportierten Tiere mannigfaltig zu Gast hatten. In diesem Umfeld bin ich aufgewachsen, es war mir eine vertraute Selbstverständlichkeit, in den aufkeimenden und sodann wieder absterbenden Rhythmus der Natur eingebunden zu sein.

Da mein Vater bei unseren Tätigkeiten immer sehr bedächtig handelte und dabei keine erinnerbare Ungeduld, keinen Ärger oder gar Jubel an den Tag legte, habe ich auch keine außergewöhnlichen Begebenheiten zusammen mit ihm in besonderer Erinnerung.

Achtung!
Augen links!
Außerhäusiger Lauschangriff, gepaart mit visuell unsichtbarem Nackt-Scan.
Schon wieder dieser Zwerg.
Kommt unverhofft, kommt aber oft. Kommt vom Twergenveldt herüber, einem sagenhaft versteckt gelegenen Areal zwischen den Ruhrseen.
Pssst!
Nicht weitersagen!

Also:
Diese soeben beschriebene Idylle, eher beschaulich einherkommend, mischte mein Großvater auf.

Warum es nur einen Großvater gab, vermochte ich als fünf- oder sechsjähriger Knirps noch nicht zu hinterfragen, ebenso nicht die Tatsache, warum mein Großvater weiter weg in einer anderen Stadt und dazu noch allein lebte.

Seine avisierten Besuche, zu denen er auf einem
knatternden Motorrad mit Beiwagen anreiste, führten zu
gefühlter Hektik im Haus. Vornehmlich bemühte sich
meine Mutter in der Küche um einen Rollbraten mit
Rotkohl, dabei einen Küchenduft produzierend, der sich
bis in den Flur und bis ins Wohnzimmer ausbreitete.
Vorerst gleite ich ein wenig ab von meinem avisierten,
stark gefühlsmäßig geschwängerten Bericht vom großen
und kleinen Mann, denn, um meinem Großvater seinen
Wunsch auf eine weitere pikante Mahlzeit zu erfüllen, trat

vornehmlich Norma in Aktion. Norma, unsere Norma, sie war unsere damalige exotische Haushälterin und Köchin aus der bergischen bosnischen Herzegowina, dazu mit einem Märchenbuch im Gepäck, aus dem sie mir im Bügelzimmer oder vornehmlich in der Küche radebrechend vorlas. Zeitgleich zischte dann auf dem Gasherd höllisch heißes Essen, wobei Paprikaschoten als tiefgrüne oder tiefrote Vollpaprikafiguren um die Wette dampften und welche nach deren Befüllung, behütet vom Deckel eigener Provenienz, auf einen tiefen Teller bugsiert wurden. Beim Durchkauen ihres Innenlebens blieb mir die Luft weg, die Augen füllten sich mit Tränen und ich nießte kräftig, denn das paprikascharfe Innenleben aus Reis mit Zwiebeln, scharfem Senf und Knoblauch und Kreuzkümmel, stach mir aus Normas überliefertem Quellrezept ins olfaktorische wie sensitive Basishirn.

Mein Großvater zwinkerte mir verständnisvoll zu, zückte sein riesiges zusammengefaltetes Taschentuch mit Monogramm, entfaltete es schlackernd, um vermittels eines gezielten Rundumwisches aufzuräumen, wobei ich synchron eine angesagte geruchliche Breitseite in Form kalten Zigarrengeruchs unfreiwillig inhalierte, welcher nach dem Essen wieder frisch auflebte in Form einer Verdauungszigarre. Das in Brandsetzen seiner Zigarre, kultig initiiert, zog mich bei jedem Anreiben eines Streichholzes, gefolgt vom rauschenden Inflammieren seines Zündkopfes, in den Bann.

Darf ich auch mal?

Ja! Ja!

Ich durfte.

Zum Entsetzen meiner Mutter, begleitet von ihrer durchdringenden vorwurfsvollen Stimme:

112

"Vater, muss das sein!?", derweil mein Großvater neben mir vor dem offenen Kamin in die Hocke ging und ich ein Streichholz nach dem nächsten anzünden durfte, bis die Streichholzschachtel leer war. Bei ihrer Bemerkung "Immer diese Männer" begab sie sich kopfschüttelnd in Richtung Botanikzimmer, Bügelzimmer oder Lesezimmer, egal. Jetzt waren wir, mein Großvater und ich, ganz allein im repräsentativen Wohnraum mit Kaminerker, handgefertigtem Sideboard mit vorstehender Ledersitzgruppe auf einem exotischen, angeblich pflanzengefärbten sowie handgeknüpften Teppich aus der turkmenischen Region Buchara.

Grinsend zog er aus seiner Westentasche eine neue, komplett gefüllte Streichholzschachtel hervor und zelebrierte den Streichholz-Schnipp-Trick, wobei das Streichholz mit seinem Zündkopf auf die waagerecht gehaltene Anreibefläche der Streichholzschachtel mittels eines lang gemachten linken Zeigefingers, aufgedrückt und in Position gehalten wird. Mit dem rechten vorschnippenden Mittelfinger gegen das Zündholz springt dieses angerieben und aufflammend in einer Mehrfachdrehbewegung von dannen.

Toll!

Dass meine kleinen Kinderhände dazu nicht in der Lage waren, gehörte natürlich zu seinem Kalkül, doch man lernt ja für's Leben, nicht wahr?

Und zwar bei staunender Wahrnehmung nachhaltig tief vergrabener Sequenzen einer abstrusen Erinnerungsflut. So ist das vermutlich mit schrägen Geschichten, Umständen oder Vorfällen. Zweifelsohne gehört auch mein erstmals erlebter Beschleunigungsschub dazu. Nach Großvaters Besuch, fuhren wir regelmäßig zusammen für

113

einige Tage zu ihm nach Hause, da meine Eltern gemeinsam an einer Expeditionstour teilnahmen, was mir irgendwie geheimnisvoll erschien, ganz zu schweigen davon, dass ich das Wort kaum nachsprechen vermochte. Egal, die anstehenden Tage zusammen mit meinem Großvater, stellten alles Andere in den Schatten.

Ein prall gefüllter grüner Rucksack mit meiner Kleidung, ein grober Leinenrucksack aus Armeebeständen, wie mein Großvater wiederholt betonte, fand seinen Platz auf dem Soziussitz, mehrfach gesichert und gut festgezurrt mittels brauner Lederriemen.

Schauen Sie einmal hier hin!

Einer von ihnen hat bis heute überlebt, nämlich dort, wo ich eine Trias an Jährlingen von Traubeneiche, Buche und Hasel in einem Pflanzkübel vereinte und mit dem restlichen Stück vom Lederriemen verzwirbelnd verbunden habe und die drei Minitriebe mittels Guanodünger in ihrem Wuchs explodieren lasse.

Da Eichelhäher während der Herbstmonate in den Boden als Vorratshaltung vornehmlich Eicheln, gefolgt von Bucheckern, Haselnüssen oder Esskastanien einbringen, und dabei ihre mehrfach angelegten Depots schlichtweg vergessen, sorgen sie auf diese Art und Weise für die Ausbreitung zahlreicher Baumarten als so genannte Hähersaaten. Diese buddele ich dann aus und initiiere mit ihnen im Gewächshaus meine sprießenden signifikanten Arrangements in diversen Pflanztrögen.

Guanodünger, das ist also der Geruch, der mir gerade in die Nase sticht.

Und sogar dem Zigarrenrauch wird pari geboten!

Na, dann gehen wir mal langsam weiter, räumlich im Gewächshaus schreitend und zeitlich in Gedankensprüngen meiner starken Erinnerung.

Als weiteres Gepäckstück gab es noch mein eigenes kleines Köfferchen und, im Beiwagen auf dem Sitz nahm ich darauf Platz, eingehüllt in eine abgelegte Lederjacke meines Vaters, die mir nunmehr als Mantel diente. Ein Halstuch, eine Pudelmütze und eine Skibrille rundeten mein Outfit. Sehr fürsorglich von meinem Großvater angelegt, diente ein weiter Ledergurt quasi als ein damaliger Vorläufer eines Sicherheitsgurtes – und ab ging die Post!

Bis zu einer bestimmten Stelle, wo mein Großvater von der Hauptstraße abzweigte und auf einem schnurgeraden Forstweg weiterfuhr, der angeblich eine Abkürzung darstellte, dennoch einem völlig anderen Zweck diente.

Ein kurzer Halt, mein Großvater hievte mich aus dem Beiwagen hoch und platzierte mich auf dem Tank direkt vor ihm. Wie Rennfahrer Torte durfte ich Gas geben und im Leerlauf den rauen Motor auf Touren bringen. Dann hieß es, mit beiden Händen fest den Lenker umklammern. Unter mir rastete der erste Gang ein wie ein Tritt in den Hintern und nun gab mein Großvater Gas, wobei ich eine raketengleiche Beschleunigung erfuhr, vor Freude quietschte und hinter mir mein Großvater johlte. Abruptes Abbremsen und wieder eine satte Beschleunigung und dieses Prozedere mehrere Male hintereinander, bis hin zum abschließenden Stopp, wobei uns blaue Abgaswolken überholten.

Das Erlebnis der Beschleunigung bei gleichzeitiger Kontrolle des Fahrgerätes war die eine Sache, und der Wunsch, dieses später selber als großer Mann meinem

Opa gleichzutun, war die andere Sache, dabei eine baldige Wiederholung als sehnlichsten Wunsch hinterlassend.

Sehen Sie, wir sind bei unserem Rundgang durchs Gewächshaus an der Westseite angekommen. Hier können wir in den beiden üppigen Lounge Chairs mit Ottomanen von Charles Eames einrasten und unsere Füße hochlegen. Bevor ich nun mein weiteres erinnertes Highlight Revue passieren lasse, schiebe ich dieses schwarz schimmernde Tüll-Vlies beiseite, will sagen, ich schiebe es symbolisch beiseite, denn dahinter ergießt sich meine persönlich empfundene Zukunfts-Horror-Version.

Voilà:
Fixiert im zirkumskripten Areal eines augenscheinlich prosperierenden Gewächsfeldes, vexierend harmonisch integriert im Außenbereich einer vordergründig ausufernden Scheinidylle, jedoch allseitig begrenzt und eingefangen mittels abgezirkelter hölzerner Beplankung und augenscheinlich eingebettet in ein gesundes grünes

Environment unter offenem Himmel, vergleichbar mit dem Szenario "Just Nature", angelehnt an das Thema einer Ausstellung von David Hockney in der Kunsthalle Würth, Schwäbisch Hall, dort gezeigt von April bis September 2009 und dokumentiert in dem gleichnamigen prächtigen Ausstellungskatalog "Just Nature", ersprießt dort Pflanzliches und zeigt sich augenscheinlich als ein prosperierendes Maisfeld. Doch bei näherer Betrachtung fällt ein leichtes farbliches Changieren der Pflanzen auf und wir stehen tatsächlich vor einem transgenen Maisfeld. Doch rauchen wir in Ruhe weiter!

Fakt ist, dass je nach gewünschter Eigenschaft gentechnisch choreografierte Pflanzen besondere Merkmale aufweisen, etwa in Form von Herbizidresistenz oder Insektenresistenz oder Trockentoleranz.

Diese Dreiergruppe gilt zurzeit als gentechnisch grüner Joker, wobei Trockentoleranz ultimativ sticht, wie mein Vater meinte, und außerdem auf dem Brainpool Deutscher BASF-Forschung beruht!

Obwohl schon emeritiert, nutzte er seine weitreichenden Verbindungen zur Saatgutbeschaffung und kündete mir augenzwinkernd ein heißes Abfackeln vor windblütiger Sommerblütezeit an, wobei er, eingefleischt dozierend, die Chromosomenzahl vom Mais nuschelnd abspulte: $2n = 20$ (40,80), gemäß "E. Oberdorfers Kompendium - eine pflanzensoziologische Exkursionsflora". Ulmer, Stuttgart 1990 (6. Aufl.).

Möchten Sie dabei sein?

Warum nicht?
Vielleicht als sommerlicher Event, kombiniert mit einer Lesung vom GROßEN und vom KLEINEN MANN.

117

Ein Kapitel vor dem Abfackeln und ein weiteres Kapitel nach der Löschaktion.
Wie Cha-Cha-Cha!
Abgerundet und rhythmisch arrondiert und eingebracht. Eingedenk dieser starken Erinnerungen und avisierter nachgelagerter Aktionen, möchte ich an dieser Stelle das Interview beenden und mich für Ihre aufgebrachte Zeit sowie für die vorzügliche Bewirtung bedanken. Ihre Einladung zur sommerlichen Hauslesung nehme ich dankend an, jedoch sehen wir uns zuvorderst bei meiner Debutlesung in Essen wieder.
Auf Wiedersehen!

Auf Wiedersehen!

Abschließende Notiz:
Vereint in einer durch sich selber nicht zu teilenden Zahl, hier, vereint in der kleinen
Primzahl 7 an geführten Interviews, ging es aus wie beim Hornberger Schießen:
Peng... Peng!
Minus eins!
Bei minus eins liegt tatsächlich eine ausgewogene Gewichtung von VATER UND SOHN sowohl auf der einen als auch auf der anderen Seite von GROSSVATER UND ENKEL vor.

Natürlich lässt sich damit keine statistische Aussage machen und, überhaupt, statistische Aussagen zu machen, das war vormals keineswegs meine Intention.
Wer auch immer im statistischen Aspekt ein Ergebnis sucht, mag möglicherweise auf unterstützende Hilfe einer

Stiftung, einer Zeitung oder einer anderen Förderung hoffend aufbauen, während ich, für meinen Teil, folgendermaßen salvatorisch dahingehend interpretiere, dass einerseits Erinnerungen mit *VATER UND SOHN* primär vertreten sein können, belegt zwar mein " +1-Resultat", alldieweil *GROßVATER UND ENKEL*, besonders im Hinblick auf meine Rezension von Björn Thorsten Leimbachs Buch "Männlichkeit leben", auch sehr wohl als Mentor, also als Mann hinter dem Mann - und somit als Großvater stark hervorgehoben wird, und damit, möglicherweise der heimliche Renner ist.

Ab S. 166 ist im vorgenannten Buch zu lesen:

»Der Mentor:

Der Mentor weiht junge Männer in Wissen und Fähigkeiten ein, die ein Mann für seine Entwicklung braucht. Das geschieht auf verschiedenen Ebenen.

Am offensichtlichsten ist es bei der Beziehung zwischen Großvater und Enkel. Die meisten Jungen lieben ihren Opa und sind gern in seiner Nähe. Von ihm lernen sie – oft ohne Worte – etwas über männliche Weisheit und sie profitieren von seiner Lebenserfahrung. Diese gibt er durch seine Liebe für den Enkel, aber vor allem durch seine bloße Anwesenheit und Präsenz weiter.

Jungen spüren intuitiv, dass sie hier wertvolle männliche Nahrung aufnehmen können, und verweilen gerne in der Nähe des Opas wie in einem Energiefeld.

Vor allem, wenn der Vater seine Königsrolle nicht gut ausfüllt oder seinen Segen nicht gibt, kann der Großvater hier einen guten Ausgleich schaffen.«

In einem anderen Buch werden ebenfalls Aktivitäten der Großväter mit ihren Enkeln positiv hervorgehoben, und

119

zwar ab S. 108 im Band 6, ediert vom Bundesministerium für Familie, Senioren, Frauen und Jugend mit dem Titel:

"Männer in Bewegung – Zehn Jahre Männerentwicklung in Deutschland".

»Aktivitäten der Großväter mit ihren Enkelkindern:
Die Tabelle 26 zeigt eine fast 22 Prozentpunkte erhöhte gleichgeschlechtliche männliche Hinwendung zum Enkel gegenüber der Enkelin.
Und die Aktivitäten, die Großväter mit ihren Enkeln unternehmen, liegen ungeschlagen weit vorne in der Wertungsskala wie:
• Er hat Zukunftspläne mit mir besprochen (z.B. über Schule, Ausbildung, Beruf usw.).
• Er hat mit mir für die Schule gelernt.
• Er hat unter der Woche mit mir gespielt, Hobbys ausgeübt.«

Ganz aktuell berichtet in diesem Zusammenhang ein noch im Laufe dieses Jahres 2010 angesagtes und erscheinendes Buch mit dem Titel:

"Elterliches Wohlbefinden, öffentliche Unterstützung und die Zukunft der Kinder – erste Ergebnisse des Ravensburger Elternsurveys", worin eine zunehmende Bedeutung der Großeltern heutzutage aufgezeigt wird.

Ab S. 22 einer mir vorliegenden Vorveröffentlichung werden soziale Beziehungen und die zunehmende Bedeutung der Großeltern in den Vordergrund gerückt. Allerdings wird nicht geschlechterspezifisch unterteilt.

Hier und jetzt stelle ich in den Raum, ob mein vorliegendes Buch möglicherweise auch von einer ambitionierten Autorin fortgeschrieben werden könnte.
Denn, wie sehr eng das Mutter/Tochterverhältnis wiegt, betont Jutta Allmendinger in ihrem aktuellen Buch "Frauen auf dem Sprung".

Darin, im Kapitel 3 nachzulesen, sucht eine beeindruckende weibliche Zweidrittelmehrheit die Nähe zu ihren Müttern, um über vertrauliche wie persönliche Angelegenheiten zu sprechen.

Abschließend konstatiere ich eine aufkeimende kritische Bewusstseins-Performance in der Sozialforschung sowie bei engagierten Autorinnen/Autoren, die gesellschaftspolitische Themen aufgreifen und dem Aufbruch immerwährender Veränderungen nachgehen.

Und nicht nur hier in meiner neu konzipierten, zukunftsorientiert literaturbiografisch gestalteten Interviewsammlung, sondern auch im neuen Genre von Ratgeber-Biografien oder etwa im change-magazin der Deutschen Bertelsmann Stiftung.

Literatur und Filme

1. Bundesministerium für Familie, Senioren, Frauen und Jugend
Zehn Jahre Männerentwicklung in Deutschland
Forschungsreihe Band 6

2. Elterliches Wohlbefinden, öffentliche Unterstützung und die Zukunft der Kinder – erste Ergebnisse des Ravensburger Elternsurveys 2010
Als Buchausgabe in 2010 angekündigt

3. Erich Oser
Vater und Sohn
Südverlag

4. Eckhart Hammer
Männer altern anders
Herder 2007

5. Björn Thorsten Leimbach
Männlichkeit leben
Ellert&Richter 2007

6. Maxi-Galaxi auf Wortschatzsuche
Breitschopf 1988

7. Maxie Wander
Guten Morgen, du Schöne
Suhrkamp Taschenbuch 3962

8. Josef Damberg
MännLichtKleid in Gedicht und Prosa
Edition Lampio 2005

9. Bottroper Protokolle, aufgezeichnet von Erika Runge
Edition Suhrkamp 271

1o. Jack Kerouac On the Road

11. Truman Capote
In Cold Blood

12. Die Reportage Praktischer Journalismus
Michael Haller
UVK 2008

13. Dokumentarische Fotografie
Daniela Linck
Magisterarbeit 1995
Leuphana Universität Lüneburg Deutschland

14. Interview und dokumentarische Methode
Arnd-Michael Nohl
VS Verlag für Sozialwissenschaften, 3. Aufl. 2009

15. Biographisch-narrative Gesprächsführung
Dr. Michael Kötting, Reinhard Völzke
2004

16. Graphische Techniken
Martin Riat
Version 3.0

17. Henri Cartier-Bresson
Biographie eines Blicks
Regie Heinz Bütler (Dokumentarfilm)
CH 2003, 72 Min.

18. Martin Munkácsi
"Think while you shoot!"
Hrsg. v. Ulrich Rüter

Einer der bedeutendsten Photographen des letzten Jahrhunderts. Hatte maßgeblichen Einfluss auf die Entwicklung des modernen Photojournalismus. Conference Point Verlag Hamburg 2006

19. Martin Munkácsi
Hrsg. v. F.C.Gundlach, Texte u. Recherchen v. Klaus Honnef und Enno Kaufhold
Steidel 2005

Informationen zur Abbildung des Buch-Covers

Die halbe Zeitungsseite einer großen Deutschen Wochenendzeitung bedeckt seit Wochen meinen mit Acrylfarben gefüllten Karton, um Schutz zu geben vor direkter Sonneneinstrahlung.
Im Laufe der Monate vergilbte das Papier und, bevor ich es gegen ein altes Handtuch tauschte, schaute ich noch einmal genau hin was unter einer Abbildung stand, auf der ein großer Mann seinen kleinen Sohn an der Hand hält:
"Hier hat's der Vater noch im Griff"
Skulptur am Isenburger Schloss.

Isenburgen gibt es in Deutschland zuhauf: Hattingen, Horb, Birstein, Büdingen, usw.
Warum nicht gleich zur Aufklärung einen Fürsten fragen? Der wird's schon richten!
Und tatsächlich, der fürstliche Hinweis brachte Licht in die Dunkelheit. Die Lösung liegt in Offenbach am Main.

Offenbach / Isenburger Schloss / Ludo-Mayer-Brunnen

Als eines der schönsten Renaissancebauwerke nördlich der Alpen gilt die Südfassade des 1572 fertiggestellten Isenburger Schlosses, das als landesherrschaftliche Residenz entstand. Der reiche baukünstlerische Schmuck wird einem Conrad Büttner aus Büdingen zugeschrieben.

1998 begann man mit dem Umbau des historischen Gebäudes zur Nutzung durch die HfG.

Im Dachgeschoss befinden sich das Fotostudio und drei Gästeappartements. Im 3. Obergeschoss sind die PC-Pools der beiden Fachbereiche und im 2. Obergeschoss die Malklasse von Prof. Adam Jankowski. Im 1. Obergeschoss befand sich die Klasse für "Experimentelle Raumkonzepte" von Prof. Heiner Blum.

Im Erdgeschoss ist derzeit ein Bistro in Planung. Daneben wird ein studentisches Kommunikationszentrum eingerichtet.

Der Ludo-Mayer-Brunnen am Schnittpunkt zwischen Renaissance und Moderne

Der Ludo-Mayer-Brunnen hat sicherlich einen der interessantesten Standorte im Offenbacher Stadtgebiet. Dort, im Innenhof der Hochschule für Gestaltung, trifft das moderne Offenbach auf seine Wurzeln. Quasi von Angesicht zu Angesicht stehen sich das Gebäude der 1910 bis 1913 errichteten Technischen Lehranstalten und die Renaissance-Fassade des Isenburger Schlosses aus dem 16. Jahrhundert.

Den Neubau der Technischen Lehranstalten ermöglichte seinerzeit eine großzügige Spende des Mäzens Ludo Mayer. Er sorgte dafür, dass die Stadt in Besitz der erforderlichen Grundstücke kam. Schon 1907 hatte er außerdem eine enorme Summe für den Bau eines Brunnens am Isenburger Schloss gestiftet, der allerdings erst 1915 fertig gestellt werden konnte. Noch während des Ersten Weltkriegs wurde der Brunnen am 5. Juni 1917 als Ernst-Ludwig-Brunnen feierlich eingeweiht. Nach seinem Spender wurde er erst nach 1918 benannt. Ludo Mayer war zu diesem Zeitpunkt bereits verstorben. 1915 hatte die Stadt ihm die Ehrenbürgerwürde zuerkannt.

Den Jugendstil-Brunnen schuf der Bildhauer Prof. Jobst aus Darmstadt, dessen Vorschlag im Rahmen eines Wettbewerbs ausgesucht wurde. Auf dem Brunnen thront die Figur des Merkurs (Gott des Handels und Gewerbes), der Pluto, den Gott des Reichtums, an seiner Hand führt. Der Brunnenkörper aus Muschelkalk steht im Schlosshof genau im Schnittpunkt zwischen dem Isenburger Schloss und dem Gebäude der heutigen Hochschule für Gestaltung.

Der Brunnen auf dem Campus ist eines der wenigen kunsthistorischen Sinnbilder Offenbachs. Renovierungen des Brunnens gab es 1963, zwischen 1988-1990 und vom Rotary-Einhard-Club Offenbach im Jahre 2005 (Neubeschichtung der Wannen, Modernisierung der Elektrik und Reparatur der Pumpen). Zusammen mit der

Kulisse des Isenburger Schlosses fehlt der Brunnen in keinem Werbeprospekt für die Stadt, man kann ihn per Ansichtskarte in die ganze Welt schicken.

Ludo Mayer, am 28. April 1845 in Offenbach geboren, trat 1870 in die 1857 von seinem Vater mitgegründete Lederfabrik Mayer & Feistmann (später Mayer & Sohn) ein und führte als erster in Deutschland die Chromgerbung ein. Für seine Großzügigkeit gegenüber der Stadt Offenbach machte diese ihn an seinem 70. Geburtstag (1915) zu ihrem Ehrenbürger. Ludo Mayer, dessen Grabstätte von dem Darmstädter Bildhauer Jobst entworfen wurde, starb am 14. November 1917 anlässlich eines Kuraufenthaltes in Bad Nauheim.

Dokumentation des Fotoshootings am Nikolaustag 06. 12. 2009

Wie nähert man sich einer Brunnenskulptur in Offenbach am Main?
Etwa so, wie einem Feuer im Foyer?
Schon möglich!
Dann aber, bitte sehr, begleitet von Feuerwehr mit ausfahrbaren Drehleitern und begleitet vom Technischem Hilfswerk und einem Rettungswagen.
Alldieweil begehen wir ungezwungen den Hot Spot "hfg" inklusive "main laden". Wir sind sowohl gespannt als auch beladen, will sagen: Wir sind bestens ausgerüstet.
Leider trifft angesagter Regen aus wolkenverhangenem Himmel auf unser morgendliches "Roll Out" mit Gummilinse, Stativ, Überwurf, Paletot, Leiter, LED-Lichtschirm und, aktuell getarnt, durch divergierende

Zipfelmützen von Santa Claus, der als verschmitzter Bursche ständig Schabernack im Sinne hat, sein Rentier reitet und einen dicken Sack sein Eigen nennt.

Nominal zieren somit zwei Zipfelmützen die Brunnenanlage. Das spannungsgeladene Umfeld verführt zuvorderst zur Fotoserie:

Und dann folgt eine Fotoserie vom großen und vom kleinen Mann!

FOTONACHWEISE:

GROßER MANN
KLEINER MANN
Abbildung Buch-Cover:
Brunnen-Skulptur des Isenburger Schlosses Offenbach am Main
Foto Dr. Helmut-Johannes Ziegler 2009 mit nachfolgender digitaler Bearbeitung
1. Bildhafte Umsetzung von:
   „Think, while you shoot".
   Foto Dr. Helmut-Johannes Ziegler 2009
2. Zwerg im Ausstellungsraum der Magistrale des Stadthauses Deutz
   Foto Dr. Helmut-Johannes Ziegler 2009
3. Flaschen in der Bar einer gemütlichen Kölner Lokation
   Foto Dr. Helmut-Johannes Ziegler 2009
4. Rüttenscheider Hausbrauerei Essen
   Sammlung von Siphons
   Foto Dr. Helmut-Johannes Ziegler 2010
5. Restaurant mit Laterne, 2009 Foto dito
6. Geistige Getränke 2009 Foto dito
7. Polierte Platzteller, quer 2009 Foto dito
8. Glashaus Herten, Foto Stadt Herten 2009
9. Figuren der Bremer Stadtmusikanten im Glashaus
   Stadt Herten
   Foto Dr. Helmut-Johannes Ziegler 2010
10. Montage von Einladungskarten zum Rückblick auf ein Jahr Bewegung in Bochum zum 17. Januar 2010 im Kultur-Bahnhof Langendreer, Dr. Helmut-Johannes Ziegler 2010, Foto dito

11. YGGDRASIL, Wikipedia
   In der nordischen Mythologie eine Esche, die als Weltenbaum den gesamten Kosmos verkörpert. Dargestellt in einer isländischen Handschrift des 17. Jahrhunderts
12. Gewächshaus in einem Gartenkatalog, Scan 2010 Dr. Helmut-Johannes Ziegler
13. Zwerg "T T birkenhübsch", Bildausschnitt, Collage auf Papier, Buntstifte und Acryl, 21 x 30 cm, 2006 Dr. Helmut-Johannes Ziegler Foto dito
14. Eine Anpflanzung.
   Durch Beleuchtungskörper modifiziertes Zeitungsbild in der Welt am Sonntag v. 24.01.2010, Artikel: Klima & Finanzen Foto Dr. Helmut-Johannes Ziegler 2010
15. Auf dem inspirierenden Gelände der Hochschule für Gestaltung in der Schloss Str. 66 in Offenbach am Main.
   Diverse Fotos:
   Dr. Helmut-Johannes Ziegler am Nikolaustag 2009

Jo Ziegler Kurzvita

Im Ruhrgebiet 1949 geboren
und dort lebend. Bildender
Künstler und Autor einer
großen Revier-Chronographie
in drei Romanen mit dem
Buchtitel <u>Die Ruhr-Trilogie</u>
2008 und 2010 erschienen im
Schreibhaus Verlag Bochum
Ab 2010 Reaktionsmitglied
bei www.kulturproramm.de
Ab 2013 Veröffentlichungen
in der Edition Bärenklau Berlin
Ab 2014 Veröffentlichungen
bei Beam eBooks Köln
Ab 2016 Veröffentlichungen
bei BoD Norderstedt
Ab 2018 Veröffentlichungen
bei TWENTYSIX und
bei TREDITION Hamburg
Bücher von Jo Ziegler

https://www.amazon.de/Jo-Ziegler/e/B00MD912NU

WEITERE
BUCH-VERÖFFENTLICHUNGEN

2015 HERRENSCHMITT...und ICH!
Eine Novelle
Edition Bärenklau / amazon

2016 Zweite überarbeitete Auflage
DIE RUHR-TRILOGIE
Eine große Revier-Chronographie in drei Romanen
BoD Als gebundene bibliophile Ausgabe
ISBN 978-3739225920 und als e-Book
ISBN 3739225920
2017 SOKO SOKOLOWSKI
Ein Ruhrgebiets-Kunst-Krimi
BookRix Verkauf durch: Amazon Media S.à r.l.
ASIN: B06WVDYRLJ
2018 (Februar) GLOCKEN-HEIM
Ein Polit-Krimi
TWENTYSIX
ISBN 978-3-7407-4418-2 und als e-Book
2018 (April) DIE KALAHARI LEBT
Erzählungen von Buschleuten in Namibia
TWENTYSIX
ISBN 9783740744731 und als e-Book
2018 (April) ZWEI KANTIGE KERLE
Ein Doppel-Roman
TWENTYSIX
ISBN 9783740735876 und als e-Book
2019 (Januar) Zweite überarbeitete Auflage
OMAS KLEINES HÄUSCHEN
Dokumentarliteratur, Autobiografie, Familienchronik
TREDITION
ISBN 978-3-7482-5071-5
2019 (Juli) MEGA MASCHINSKI STORYS
TREDITION
ISBN 978-3-7482-6640-2 (Paperback)
ISBN 978-3-7482-6641-9 (Hardcover)
ISBN 978-3-7482-6642-6 (e-Book)

2020 (Januar) SPÄT LESE STORYS
TREDITION
ISBN 978-3-347-00747-5 (Paperback)
ISBN 978-3-347-00748-2 (Hardcover)
ISBN 978-3-347-00749-9 (e-Book)
2021 (Februar) RABE RABULINSKI
Dialogdichtung
mit SW-Illustrationen ©Carolyn Pini 2021
TREDITION
ISBN 978-3-347-20399-0 (Paperback)
ISBN 978-3-347-20400-3 (Hardcover)
ISBN 978-3-347-20401-0 (e-Book)
2021 (März) SPINNWIND
Ein Demenz-Roman
TREDITION
ISBN 978-3-347-22933-4(Paperback)
ISBN 978-3-347-22934-1(Hardcover)
ISBN 978-3-347-22935-8 (e-Book)

IN ANTHOLOGIEN

Die Akte Bernhard Scherer
Die Kälte jenseits der Träume
Phantastische Erzählungen
Hrsg. Jörg Martin Munsonius und Alfred Bekker
Verlag: BookRix 30.09.2015
ASIN: BOOJRAN8XK

Grüne Smoothies
4. Bubenreuther Literaturwettbewerb 2018
Anthologie, TREDITION 2018
ISBN 978-3-7469-9245-7

Autorenfoto Jo Ziegler

Im Katakomben-Theater Essen 2015 während Proben der PostDrama-Aufführung:

<<KEIN TEICH, KEIN SCHLOSS>>

FSC
www.fsc.org
MIX
Papier | Fördert
gute Waldnutzung
FSC® C083411

Zeitfracht Medien GmbH
Ferdinand-Jühlke-Straße 7
99095 Erfurt, Deutschland
produktsicherheit@kolibri360.de